틱낫한

오늘날 세계에서 가장 존경받는 불교 스승 중 한 명이자 시인이자 평화운동가. 불교 사상의 사회적 실천을 강조하며 참여불교운동 및 각종 사회운동을 해오고 있다. 베트남 전쟁 당시 전 세계를 돌며 베트남의 참상을 멈추고자 평화운동을 펼쳤고, 이에 1967년 마틴 루서 킹 목사의 추천을 받아 노벨평화상 후보에 올랐다. 허나 이런 활동이 빌미가 되어 남·북 베트남 정부 모두 그의 입국을 불허하였고, 1967년부터 틱낫한은 39년이라는 긴 세월을 망명객으로 살아간다. 현재는 프랑스 보르도 지방에 자리한 수행 공동체 '자두마을'에 머무르며 마음챙김을 통해 개인과 사회가 평화로워지는 가르침을 나누고 있다. 지은 책으로 《틱낫한 기도의 힘》, 《틱낫한 명상》, 《화해》, 《화》, 《틱낫한 스님의 반야심경》, 《마음에는 평화 얼굴에는 미소》 등이 있다.

이현주

관옥(觀玉)이라고도 부르며, '이 아무개'라는 필명을 쓰고 있다. 1944년 충주에서 태어나 감리교신학대학교를 졸업했다. 목사이자 동화작가이자 번역가이며, 교회와 대학 등에서 말씀도 나눈다. 동서양의 고전을 넘나드는 글들을 쓰고 있으며, 무위당(无爲堂) 장일순 선생과 함께 《노자 이야기》를 펴냈다.

어째서 지금 이 순간에 숨 쉬고 있는
'삶'을 향해 걸음을 옮기지 않는가?

너는 이미 기적이다

틱낫한 스님의 365일 잠언 모음집

불광출판사

이 책은 귀중한 선물이다. 우리 시대 위대한 영적 스승의 깊이 있고 적절한 진리의 통찰을 이 책은 우리에게 전한다.

통찰은 신비하고도 기적적인 경험이다. 번쩍 하고 통찰이 떠오르는 순간은 아무런 예고 없이 찾아온다. 구름이 열리고 그 사이로 빛이 쏟아져 지상을 비추듯 통찰이 우리를 밝히면, 우리는 생각과 혼돈의 그림자 속에서 방금 전까지 못 보았던 감춰진 진실을 단순하고 명확하게 알아본다. 이렇게 진실과 직접, 그리고 즉시 만나는 경험은 우리 삶을 바꾼다.

우리는 이러한 통찰의 경험이 언제 그리고 왜 일어나는지 모른다. 하지만 그 순간이 좀 더 잘 일어나도록 하는 방법은 있다. 하나는 틱낫한 스님처럼 위대한 영적 스승의 지혜를 숙고하는 것이다. 스님은 오랜 시간에 걸친 진리 탐구와 명상에서 얻은 지혜를 우리에게 전하는 불교계의 큰스승이다. 불교 전통에서 이러한 지혜의 전승은 여러 해에 걸친 수련을 통해 이루어지기도 하지만, 찰나에 일어나기도 한다. 몇 마디 말, 한 단어, 주먹 한 방, 순간의 외침이 우리를 깨어나게 한다. 또는 이 책의 모든 페이지에서처럼 깊고 진실한 가르침을 담은 짧은 글이 그 역할을 한다. 물론 영적 스승은 자신의 지혜를 우리에게 전달만 할 수 있다. 그걸 받아들이느냐 그러지 못하느냐는 순전히 우리 자신의 역량에 달려 있다. 따라서 어떻게 읽느냐에 따라 이 책이 우리에게 주는 영향과 혜택은 달라질 것이다.

진정한 통찰은 매우 복잡한 탓에 긴 설명을 통해서만 이해될 수 있다고 생각하는 사람이 있을 것이다. 하지만 정확히 그 반대가 진실에 가깝다. 간단한 언급이 깊이를 가늠할 수 없을 만큼 심오하다는 걸 우리는 종종 목격한다. 이 책에 실린 짧은 가르침에 주석과 해설을 장황하게 붙이는 것은 쉬운 일이다. 하지만 그건 내 관심 밖이었다. 그리하여 스님의 불교와 삶에 대한 진리의 정수만이 이 책에 담겼다. 이 책은 단순히 우리를 독려하고 영감을 고취시키는 '말의 모음'이 아니다. 스님이 전하는 진리는 변화의 힘을 내포한 통찰과 가르침이다. 따라서 우리는 그 진리가 우리

지성의 수준보다 더 깊은 가슴과 배 속으로 스며들어 우리 안에서 지혜를 잉태하게 하고 참된 변화가 일어나도록 해야 한다.

모든 것이 언제나 변하고 있다는 무상(無常)의 진리를 예로 들어 보자. 만약 그 진리를 머리로만 이해하려 든다면, 다시 말해 그 진리가 담긴 글귀를 슥 읽고 곧바로 다음 페이지로 넘어간다면, 애매하여 이해되지 않을 뿐 아니라 별 의미도 남지 않을 것이다. 하지만 무상은 불교 교리의 핵심이다. 왜냐하면 우리가 무상의 진리를 받아들이지 않을 때 고통이 일어나기 때문이다. 무상의 진리를 진실로 깊이 숙고한다면, 우리는 자기 자신과 이 세상이 언제나 변해 왔고 서로 의존하고 있으며 고정된 성질을 지니고 있지 않음을 알 것이다. 그리하면, 스님이 말하듯, 우리 삶은 드라마틱하게 바뀐다. 기쁨과 사랑과 신비로 삶이 충만해진다.

이 책에서 전하는 또 다른 핵심 가르침, 즉 과거와 미래에 대한 생각에서 자신을 잃지 말고 '지금 이 순간을 살라'는 진리를 살펴보자. 얼핏 이 진리는 뉴에이지 계열의 포스터에서 흔히 볼 수 있는 진부한 선언쯤으로 다가올지도 모른다. 하지만 '지금 이 순간을 살라'는 불교 명상의 정수이자, 스님이 '현재 순간'이라 부른 참된 집으로 돌아가는 길이다. 어쩌면 이러한 가르침들이 너무나 단순한 까닭에 우리가 그걸 실감하기 어려운지도 모르겠다. 우리는 진짜 진리는 복잡하고 형이상학적이어야 한다고 믿는다. 그래서 자기 눈앞에서 무슨 일이 벌어지고 있는지 보지 못한다.

따라서 우리는 이토록 소중한 통찰의 순간들이 찾아올 수 있도록 기반을 잘 다져 둬야 한다. 이 책을 한 번에 많이 읽지 말아야 하는 건 바로 이 때문이다. 나는 한 페이지를 읽었으면 깊이 숙고하고 수련한 다음 책장을 넘긴다. 틱낫한이라는 위대한 스승 앞에 앉아, 그가 들려주는 소중한 가르침을 한 마디도 놓치지 않으려고 몸과 마음을 온통 그에게로 향하는 학생처럼, 나는 한 글자 한 글자 새겨 읽는다. 만약 여러분도 나처럼 읽는다면, 머지않아 통찰이 당신 집의 현관문을 두드릴 것이다.

이 책에 담긴 가르침들을 천천히 그리고 세심하게 읽기를 권한다. 하루에 한두 페이지를 읽고, 그 깊은 뜻을 음미하고 숙고하길. 내 경우, 아침에 한 구절을 읽으면 그 내용이 의식으로 스며들어 하루 종일 뇌리에서 떠나지 않는다. 그 지혜들이 내 경험을 미묘하게 물들이고, 적절한 순간에 스스로 떠올라 통찰을 안겨 준다. 부디 이 위대한 가르침들이 여러분 역시 사로잡을 수 있도록 시간과 공간을 허락하길 바란다.

이 책에 실린 간결하고 함축적인 가르침은 크게 두 갈래로 나뉜다. 바로 통찰과 지침이다. 실제의 본성에 대한 분명하고 직접적인 통찰을 주는 가르침들은, 현상과 마음과 신경증과 고통과 깨달음의 참된 본성을 드러낸다. 그 가르침들은 상호내재(interbeing), 비어 있음〔공(空)〕, 목적 없음(aimlessness), 깨달음, 니르바나〔열반(涅槃)〕를 포괄하는 다양한 주제를 다룬다. 한마디로 불교의 지혜를 완벽하게 보여 준다.

또 다른 가르침들은 마음챙김(mindfulness)과 통찰 명상부터 연민 명상과 자애 명상까지 아우르는 명상 전반에 대한 지침을 준다. 그 지침들을 따라 우리는 앉기 명상, 숨 쉬기 명상, 걷기 명상을 참되게 수련할 수 있다. 이런 모든 방법으로 명상이 일상으로 들어오면 인간관계를 개선하고, 감정적 상처를 치유하고, 세상을 평화로 채우고, 자연을 보호할 수 있게 된다. 명상으로 길러진 통찰은 우리의 삶과 세상을 더 좋게 바꾸는 힘을 갖고 있다. 그 모든 것이 이 책 안에 들어 있다.

이토록 다양하고 깊이 있는 가르침이 나올 수 있었던 것은 틱낫한 스님의 삶이 매우 특별했기 때문이다. 아주 어려서부터 승려가 되고 싶었던 스님은 16세에 베트남의 한 선불교 사원에 들어간다. 그는 집중 명상 수련과 붓다의 뜨거운 정신에 대한 탐구를 병행했다. 일찌감치 베트남 불교 안에 진보 세력을 구축했으며, 베트남의 평화와 사회 정의를 위해 일하는 '참여불교운동'의 핵심 리더가 되었다. 어느 누구의 편도 들지 않고 오직 평화를 위해 베트남 전쟁을 반대하는 운동을 벌인 까닭에 전쟁의 양측, 다시 말해 남베트남과 북베트남 모두가 그를 배척했으나 그는 마틴 루서 킹 목사의 추천으로 노벨평화상 후보가 되었다. 1967년 그는 베트남을 떠나 망명길에 올랐고, 이후 39년 동안 고국 땅을 밟지 못했다.

오늘날 틱낫한 스님의 수행 공동체에서는 전 세계에서 온 수만 명의 학생들이 공부를 하고 있으며, 수백만 명의 사람들이 그의 책에서 몸과 마음의 안식을 얻고 있다. 스님은 불교와 명상에 대한 책뿐 아니라, 심리 치유와 어린이를 위한 책을 비롯해 우리 시대의 중요한 정치, 사회 문제에 답하는 책까지 모두 70여 권을 썼다. 명상 스승이자 정치가, 인도주의자, 시인, 참여불교운동의 리더인 스님은, 사람이 태어나 겪게 되는 모든 일에 대한 지혜를 전한다. 이는 오늘날 어느 영적 스승도 하지 못한 일이다.

이 선집을 편집하게 되어 무한한 영광이다. 출판사 동료들에게 감사한다. 그리고 위대한 스승 틱낫한 스님에게 더할 수 없는 고마움을 전한다. 보석보다 소중한 그의 가르침과 통찰은 내 인생을 바꾸었고, 여러분의 인생을 바꿀 것이다. 그의 가르침과 통찰이 몇 년, 아니 평생 동안 우리와 함께하기를 바란다.

멜빈 맥러드
《샴발라 선》 편집장

•
일러두기
이 책의 모든 주석은 한국어판 편집자 주(註)입니다.

너의 참된 집

백 퍼센트

기적들

우주의 사절

걷기 명상

집중

우리는 왜 고통받는가

그러함

행복은 어디에 있는가

진흙 속의 연꽃

목적 없음

물결과 물

두려움으로부터의 자유

너를 위해 내가 여기 있다

사랑의 근원

부드럽게 안아 주어라

일깨우는 사람

다음 붓다

꽃과 쓰레기

친구의 방문

삶은 목적을 위한 수단이 아니다

마음챙김이라는 등불

사랑하는 이들의 고통

사랑의 편지

가려서 물 주기

다섯 무더기의 군주

영성의 세기

행복의 씨앗

마음챙김하며 사는 기술

시작도 끝도 없다

몸 알아차리기

존재의 전제 조건

위대한 통찰

붓다가 가르친 것

난감한 질문들

모든 세대를 위하여

붓다 되기를 즐겨라

생각 멈추기

허깨비들

참된 수행

찾아 구할 것 없다

붓다 걷기

명상의 두 얼굴

이미 충분히 가지고 있다

다리

잘 듣고 사랑스럽게 말하기

행복으로 가는 길은 없다.

행복이 곧 길이다.

1

너의 참된 집

지금 이 순간이 너의 참된 집이다. 그것은 시간과 공간, 민족이나 인종에 구애받지 않는다. 너의 참된 집은 추상적 관념이 아니다. 가 닿을 수 있고 매 순간 살아 낼 수 있는 무엇이다. 마음챙김*과 집중으로, 붓다의 에너지로, 현재 순간에 몸과 마음을 착실하게 쉼으로써 너의 참된 집을 발견할 수 있다.

---

*
지금 이 순간 몸과 마음으로 경험하는 모든 것을 알아차리는 수련. 마음챙김할 때는 경험을 온전히 알아차리기만 할 뿐, 좋고 나쁨 따위를 판단하지 않는다.

백 퍼센트

진실로 거기에 있어라. 백 퍼센트 너 자신으로, 매일 매 순간 거기에 있어라. 이것이 불교 명상의 진수다. 우리 모두 스스로 그렇게 할 수 있음을 안다. 그러니 날마다 순간마다 자기 삶을 깊고 충실하게 살도록 연습하자. 내가 마음챙김을 '백 퍼센트 거기에 현존하도록 우리를 돕는 에너지'라고 설명하는 이유가 여기에 있다. 마음챙김이야말로 너를 지금 여기에 참으로 존재하게 해주는 에너지다.

기적들

우리 주변에서 온갖 기적들로 생명이 피어난다. 물 한 그릇, 햇살 한 줄기, 나뭇잎 한 장, 애벌레, 꽃, 웃음, 빗방울 소리. 깨어 있으면 어디서든 쉽게 기적을 볼 수 있다. 모든 사람은 저마다 숱한 기적들의 총합이다. 가지각색 모양과 색깔을 보는 눈, 벌의 잉잉거리는 소리와 천둥소리를 듣는 귀, 온 우주와 티끌 하나를 아울러 궁리하는 뇌, 모든 생명체들의 맥박과 함께 같은 리듬으로 두근거리는 심장. 일상의 고된 일과로 피곤하고 낙심해 있을 때는 이런 기적들이 눈에 들어오지 않겠지만, 그래도 그것들은 늘 거기 그렇게 있다.

4

우주의 사절

손으로 빵을 집으면서, 나는 때로 그것을 바라보며 빙그레 웃는다. 빵은 우리에게 영양소를 전달해 주는 우주의 사절(使節)이다. 빵을 가만히 들여다보면 거기에 햇빛, 구름, 대지가 있다. 햇빛이 없으면 밀이 자랄 수 없다. 구름이 없으면 밀을 자라게 하는 비가 내리지 않는다. 대지가 없으면 아무것도 자라지 못한다. 그런 까닭에 내 손에 들려 있는 빵 조각이 그대로 생명의 경이로움이다. 우리 모두를 위해 그것이 거기 있다. 우리도 그것을 위해 거기 있어야 한다.

걷기 명상

우리가 살아 있다는 진실을 스스로에게 일깨워 주어야 한다. 지금 우리는 아름다운 별에 발자국을 남기며 걷고 있다. 우리의 걸음 자체가 이미 하나의 기적이다. 그러나 그것이 기적으로 이루어지려면 우리가 여기 있어야 한다. 지금 여기로 우리 자신을 데려와야 한다. 그럴 때 우리의 걸음걸음이 그대로 기적이 되는 것이다. 그렇게 걷는 동안 우리의 모든 발걸음이 자양분이 되고 치유가 된다. 발바닥으로 땅에 입을 맞추듯, 어루만지듯 걸어가는 걷기 명상 속에 큰 사랑이 깃들어 있다.

집중

떠오르는 아침 해를 바라볼 때, 마음을 모으고 의식을 집중할수록 떠오르는 해의 아름다움이 더 잘 보인다. 지금 향기롭고 감미로운 차 한 잔을 손에 들고 있다고 상상해 보자. 마음이 흩어져 있으면 차 맛을 제대로 즐길 수 없다. 차에 마음을 모으고 의식을 집중해야 한다. 그래야만 차가 제 향과 맛을 보여 줄 것이다. 마음챙김과 집중이 행복의 원천인 이유가 여기에 있다. 그렇게, 훌륭한 수행자는 언제 어디서나 행복하고 기쁜 순간을 창조할 수 있다.

7

우리는 왜 고통받는가

자연의 속성을 깊이 관찰할 때 우리는 모든 것의 덧없음〔無常〕*
을 보게 된다. 그 무엇도 영원한 것은 없다. 모든 것이 바뀐다.
같은 강물에 두 번 들어가지 못한다는 말이 있다. 강에서 영구
적인 실체를 찾고자 한다면 단 하나도 발견하지 못할 것이다.
우리 몸도 마찬가지다. 우리가 '몸'이라고 부르는 물건에는 그
어떤 절대적이고 영구적인 실체도 없다. 깜깜한 어리석음 속
에서 우리는 자기 안에 영구적인 무엇이 있다고 믿는다. 이 어
리석음에서 온갖 고통이 생겨난다. 자기 안에 있는 덧없음을
깨칠 때 비로소 우리는 고통에서 벗어날 수 있다.

---

*
'덧없음' 또는 '무상(無常)'이란 모든 것이 단 한 순간도 같은 모습으로 머물러 있지
않는다고 보는 불교의 세계관이다.

그러함

'그러함[如如, suchness]'이라는 말이 실제를 그나마 근사하게 묘사한다. 개념이나 생각은 있는 그대로의 실제를 설명하지 못한다. 궁극의 실제인 '니르바나'는 말로 설명되지 않는다. 인간의 개념과 생각에서 벗어나 있기 때문이다. 모든 개념의 소멸이 니르바나다.

우리가 겪는 고통의 대부분이 생각과 관념에서 생겨난다. 만일 이 관념들로부터 자유로울 수 있다면 온갖 두려움과 걱정이 사라질 것이다. 니르바나, 궁극의 실제 또는 하느님은 태어나지도 죽지도 않는 무엇이다. 그것은 온전한 자유다.

행복은 어디에 있는가

우리는 행복이 미래에 있다고 생각한다. '이미 이르렀음'을 알아차리는 연습이 중요한 이유가 여기에 있다. 우리가 이미 이르렀으며 더 나아갈 필요가 없다는, 진즉부터 여기에 있었다는 깨달음이 우리에게 평화와 기쁨을 안겨 준다. 행복을 위해 필요한 조건들은 이미 완벽하게 갖추어져 있다. 다만 우리 자신이 지금 이 순간에 현존하도록 할 필요가 있다. 그때 우리는 진정한 평화와 기쁨을 맛볼 수 있을 것이다.

진흙 속의 연꽃

고통이 좋은 것임은 분명한 진실이다. 고통 없이 행복은 있을 수 없다. 진흙이 없으면 어떤 연꽃도 피어나지 못한다. 그러니 제대로 아파하고 괴로워할 줄 안다면, 고통을 겪는다 해도 괜찮다. 그런 태도를 갖추는 순간 더 이상 많은 고통을 겪지 않는다. 그리고 그 고통에서 행복의 연꽃이 피어날 것이다.

목적 없음

불교에는 이상하다 싶은 가르침이 하나 있다. 바로 '목적 없음 (aimlessness)'에 대한 가르침이다. 그것은 네 앞에 좇아야 할 어떠한 목적이나 목표를 두지 말라는 것이다. 이는 정확히 모든 사람이 행하는 일이다. 우리는 이것을 원하고 저것을 원한다. 원하는 것을 손에 넣지 못하면 행복할 수 없다고 생각한다.

이런 생각에 혁명을 일으켜야 한다. 멈춰야 한다. 우리는 한 송이 꽃처럼 행동해야 한다. 꽃은 모든 것이, 우주 전체가 제 안에 있다는 사실을 안다. 그래서 다른 무엇이 되려고 애쓰지 않는다. 너도 같다. 네 안에 하느님이 있다. 그러니 하느님을 찾아 두리번거릴 이유가 없다.

물결과 물

삶에는 두 가지 차원이 있다. 우리는 두 차원 모두에 닿을 수 있어야 한다. 하나는 물결과 같은데, 우리는 그것을 '역사의 차원'이라고 부른다. 다른 하나는 물과 같다. 그것을 '궁극의 차원' 또는 '니르바나'라고 부른다. 보통 우리는 물결의 차원에서 살아간다. 하지만 물의 차원에 닿는 법을 발견할 때, 우리는 명상이 줄 수 있는 최고의 열매를 얻게 된다.

두려움으로부터의 자유

보살*들도 우리와 같은 땅 — 태어나고 죽는 자아의 덧없는 세계 — 에서 산다. 하지만 덧없음〔無常〕과 자아 없음〔無我〕**을 깊이 들여다보는 수행을 쌓은 덕분에 그들은 궁극의 차원에 접하여 있음과 없음, 하나와 여럿, 오고 감, 태어남과 죽음이라는 관념에서 생겨난 두려움으로부터 자유롭다. 이 자유 안에서 그들은 완벽한 평화를 누리며 태어남과 죽음의 물결을 탄다. 물의 속성에 머물러 있으면서 동시에 물결의 세계에 머무는 것이다.

---

* 스스로 깨어난 삶을 살아가는 동시에 중생을 깨어남의 세계로 인도하는 불교 수행자를 일컫는다.

** 다른 모든 것과 외따로 존재하는 '나'라는 실체란 없으며, 모든 것은 인연에 따라 형성되었다고 보는 불교의 세계관이다.

14

너를 위해 내가 여기 있다

불교 수행의 핵심은 지금 여기에 현존하는 힘을 길러 언제 어디서나 지금 이 순간에 살아 있는 생명과 깊이 접촉하는 것이다. 우리는 우리 자신을 위해 여기 있어야 한다. 우리가 사랑하는 이들을 위해 여기 있어야 한다. 온갖 놀라움으로 피어나는 생명을 위해 여기 있어야 한다. 불교 수행이 우리에게 주는 메시지는 간단하고 분명하다. "너를 위해 내가 여기 있다."

사랑의 근원

나 자신을 돌보고 사랑할 줄 모르면, 사랑하는 이들을 돌보고 사랑할 수 없다. 스스로를 사랑하는 것이 다른 사람을 사랑하는 근원이다.

부드럽게 안아 주어라

고통과 싸우지 마라. 짜증이나 질투심과도 싸우지 마라. 갓난
아기를 안아 주듯이 그것들을 아주 부드럽게 안아 주어라. 너
의 화는 네 자신이다. 그것을 향해 폭력을 휘둘러서는 안 된다.
네 안에 있는 다른 감정들에게도 마찬가지다.

일깨우는 사람

자기 안에 있는 고통과 다른 사람 안에 있는 고통을 덜어 주기 위한 수행에 매진하면, 우리 또한 깨달은 존재인 보살이 된다. 우리는 가족, 친구, 동료 들을 지원하고 그들이 보살로 거듭나 도록 도와야 한다. 온 세상과 모든 중생의 행복을 위해 이 일을 해야 한다. 만일 네가 수행을 해서 보살이 된다면, 네 주위 사 람들은 아름다워짐과 진정한 영성과 참된 사랑이 가능함을 알 게 될 것이다. 이렇게 살 때 스스로 행복하고 다른 사람에게 영 감을 주게 될 것이다.

다음 붓다

2,600년 전에 석가모니 붓다는 다음 붓다가 마이트레야(미륵)라는 이름으로, '사랑의 붓다'로 불릴 것이라고 말했다. 나는 '마이트레야 붓다'가 어느 한 개인이라기보다 공동체일 수 있다고 생각한다. 오늘날 일그러진 세태에 저항하려면 좋은 공동체의 도움이 필요하다. 마음챙김은 우리를 지켜 주고, 우리가 평화를 향해 가도록 도와준다. 함께 수행하는 벗들의 지원을 받아서 평화가 기회를 얻는다.

꽃과 쓰레기

꽃과 쓰레기는 유기물이다. 그래서 한 송이 꽃을 깊이 들여다보면, 그 안에서 비료와 쓰레기를 볼 수 있다. 그 꽃도 머잖아 쓰레기로 돌아갈 것이다. 하지만 걱정할 것 없다. 너는 정원사다. 너에게는 쓰레기를 꽃으로, 열매로, 채소로 바꿀 능력이 있다. 너는 어느 것도 버리지 않는다. 쓰레기를 두려워하지 않기 때문이다. 너에게는 그것을 꽃으로, 상추로, 오이로 바꿀 능력이 있다.

행복과 슬픔도 마찬가지다. 슬픔, 두려움, 낙심은 모두 일종의 쓰레기다. 이 쓰레기들은 인생살이의 한 부분이고, 우리는 그것들을 깊이 들여다봐야 한다. 너는 그 쓰레기들을 꽃으로 바꾸기 위한 연습을 할 수 있다. 사랑만이 유기물인 게 아니다. 네 미움도 유기물이다. 그러니 어느 것도 버려서는 안 된다. 네가 해야 할 일은 어떻게 하면 너의 쓰레기를 꽃으로 바꿀 수 있는지 그 방법을 배워 익히는 것이 전부다.

친구의 방문

먼 길을 찾아온 친구와 차를 한 잔 나눈다고 생각해 보자. 마음 챙김은 그와 함께 나눈 시간을 잊을 수 없는 추억으로 만들어 준다. 차를 마시는 것 말고는 다른 아무것도 생각하지 마라. 사업에 대해서도, 장래 계획에 대해서도 생각하지 마라. 오직 친구와 함께 있는 그 순간에 집중하라. 친구가 내 앞에 있다는 사실, 함께 앉아서 차를 마신다는 사실에 온전히 깨어 있어라. 마음챙김이 모든 순간의 기쁨을 깊이 맛볼 수 있도록 우리를 도와준다.

삶은 목적을 위한 수단이 아니다

마음을 모아 걸을 때 우리 걸음은 더 이상 어딘가에 이르기 위한 수단이 아니다. 밥상을 차리기 위해 부엌으로 걸어갈 때, '밥상을 차리기 위해서 부엌으로 가야 한다.'고 생각할 필요는 없다. 그저 마음챙김하면서 이렇게 말하면 된다. "나는 지금 부엌으로 걸어가는 것을 즐기고 있다." 그렇게 하면 발걸음마다 그 자체로 목적이 된다. 목적과 수단은 별개가 아니다. 행복으로 가는 길은 없다. 행복이 곧 길이다. 깨달음으로 가는 길은 없다. 깨달음이 곧 길이다.

마음챙김이라는 등불

우리 안에는 등(燈)이 하나 있다. 마음챙김이라는 이름의 등이
다. 우리는 그것을 언제든지 밝힐 수 있다. 우리의 숨, 발걸음,
평화로운 미소가 등을 밝히는 기름이다. 우리는 마음챙김이라
는 등을 밝혀 그 빛으로 안팎의 어둠을 몰아내야 한다. 그 등을
밝히는 것이 우리의 수행이다.

사랑하는 이들의 고통

마음챙김 에너지로 자신의 슬픔과 두려움을 안아 줄 수 있다면, 우리의 고통이 어디에 뿌리내리고 있는지 알게 될 것이다. 또한 사랑하는 이들의 고통도 알게 될 것이다. 마음챙김은 우리가 사랑하는 이들에게 화내지 않도록 도와준다. 마음이 깨어 있으면, 우리가 사랑하는 이들도 우리와 똑같이 괴로워하고 있음을 이해하게 되기 때문이다.

사랑의 편지

마음챙김의 에너지는 우리가 다른 사람과 화목하게 지내게 하고, 진정한 사랑의 편지를 쓰게 한다. 진정한 사랑의 편지는 통찰, 이해, 그리고 자비로 쓰는 것이다. 그렇지 않은 것은 진정한 사랑의 편지가 아니다. 그렇게 쓴 사랑의 편지는 받는 사람을 변화시키고, 그로써 세상을 변화시킨다. 하지만 그전에 먼저 우리 자신을 변화시킨다. 어떤 편지는 쓰는 데 평생이 걸리기도 한다.

가려서 물 주기

깊이 들여다보는 연습을 통해 우리는 날마다 물 주고 싶은 좋은 씨앗을 가려내고 좋지 않은 씨앗에 물을 주지 않는 수련을 할 수 있다. 이를 '가려서 물 주기'라고 한다. 붓다가 가르쳐 준 이 수련을 며칠만 해도 누구나 스스로 변화를 일으킬 수 있다.

다섯 무더기의 군주

우리는 모두 자기 존재와 그것을 이루는 다섯 무더기[五蘊]의 영토를 다스리는 군주들이다. 다섯 무더기란 몸, 느낌, 생각, 의도, 그리고 의식이다.* 이 다섯 무더기를 깊이 들여다보아 자기 존재의 본성 ― '고통'과 '행복'과 '평화'와 '두려움 없음' 의 본성 ― 을 알아내는 것이 우리의 수행이다.

*
불교에서는 인간을 실체가 아니라 몸, 느낌, 생각, 의도, 의식의 일시적인 집합으로 본다.

영성의 세기

21세기는 영성의 세기(世紀)가 되리라고 예언하는 사람들이 있다. 개인적으로, 우리가 살아남으려면 영성의 세기가 되어야 한다고 생각한다. 오늘날 우리 사회에는 너무 많은 두려움, 고통, 폭력, 절망, 혼돈이 있다. 이런 세상에서 영성 없이 어떻게 살아남을 수 있을까?

행복의 씨앗

행복할지 불행할지는 우리 안에 있는 씨앗에 달려 있다. 자비·이해·사랑의 씨앗이 건강하면 그것들이 우리에게서 피어날 것이고, 분노·앙심·슬픔의 씨앗이 건강하면 스스로 많은 고통을 겪게 될 것이다.

누군가를 이해하려면 그 사람 안에 어떤 씨앗이 담겨 있는지 알아야 한다. 그리고 그 씨앗이 거기 있는 것이 그 사람 혼자만의 책임이 아니라는 점을 기억할 필요가 있다. 그 씨앗이 거기 있는 데 대해 그의 조상들, 부모들, 그리고 사회가 공동 책임을 져야 한다. 이를 이해할 때 우리는 그 사람에게 동정과 연민을 느낄 수 있다. 이해와 사랑으로 자신과 다른 사람의 아름다운 씨앗에 물 주는 법을 알게 될 것이다. 아울러 고통의 씨앗을 알아보고 그것들을 바꿔 놓는 방법도 알게 될 것이다.

마음챙김하며 사는 기술

마음챙김하며 사는 것은 하나의 기술이다. 마음챙김을 연습하기 위해 수도승이 되거나 수도원에서 살아야 하는 것은 아니다. 운전을 하거나 집안일을 하면서도 마음챙김을 연습할 수 있다. 마음챙김하면서 운전을 하면 차 안에서도 즐거운 시간을 보낼 수 있고, 사고를 예방하는 데도 도움이 된다. 거리의 빨강 신호를 마음챙김하라는 신호로, 일단 멈추어서 호흡을 지켜보라는 신호로 삼아 보자. 저녁 식사 후 설거지를 할 때도 숨을 알아차리는 연습을 하면서 그 시간을 즐겁고 의미 있게 만들어 보자. 바삐 서두르면 설거지 시간을 헛되이 낭비하게 된다. 설거지를 포함해 일상생활을 하면서 보내는 시간은 참으로 값지다. 그것은 사람으로 살아 있기 위한 시간이다. 마음챙김하며 살기를 연습할 때 일상적인 활동에서 평화의 꽃이 피어난다.

시작도 끝도 없다

우리는 대개 죽음을 피해 달아나고 삶을 움켜잡으려 한다. 그러나 불교의 가르침에 따르면, 모든 것이 처음부터 '니르바나'다. 그런데 왜 우리가 하나를 잡고 다른 하나를 피해야 한단 말인가? 궁극의 차원에서는 시작도 없고 끝도 없다. 우리는 뭔가 우리 바깥에 있는 것을 얻어야 한다고 생각한다. 그러나 모든 것이 이미 여기에 있다.

몸 알아차리기

앉기 명상에서 먼저 할 일은 자기가 앉아 있음을 알아차리는
것이다. 그런 다음에야 우리를 고요하고 평안하게 해주는 방
식으로 앉을 수 있다. 앉든지 서든지 걷든지 눕든지 간에, 매
순간 우리 몸의 자세에 주목할 수 있다. 자리에서 일어나든지
허리를 굽히든지 아니면 옷을 입든지, 무엇을 하든지 간에 우
리 행동을 알아차릴 수 있다. 알아차림은 우리를 우리에게로
돌려보낸다. 자기 몸을 충분히 알아차리며 지금 여기를 살아
갈 때, 우리는 참된 집에 있는 것이다.

존재의 전제 조건

무상과 무아는 삶의 부정적 얼굴이 아니다. 오히려 그 위에 삶
이 세워지는 기반이다. 모든 것은 끊임없이 변화한다. 이것이
무상이다. 무상이 없으면 삶도 없다. 모든 것이 서로 의존한다.
이것이 무아다. 서로 의존하지 않으면 무엇도 존재할 수 없다.

위대한 통찰

누구나 붓다가 될 수 있다는 것이 대승불교의 위대한 통찰이다. 싯다르타가 성취한 것을 우리 모두가, 남자든 여자든, 어떤 계층 어떤 집안 출신이든, 출가 수행자든 재가자든, 누구나 이룰 수 있다. 완전히 깨친 붓다가 될 소질과 능력이 우리 모두에게 있다. 완전히 깨달은 붓다가 되는 길을 걷는 동안 우리는 모두 보살이다.

붓다가 가르친 것

45년 동안 붓다는 거듭거듭 말했다. "나는 오직 고통[苦]과 고통의 변화를 가르칠 따름이다." 우리가 자신의 고통을 인식할 때, 우리 안의 붓다가 그것을 보고, 무엇이 고통을 초래했는지 찾아내고, 고통을 기쁨과 평화와 해탈로 바꿔 놓을 수 있는 행위에 대해 설명한다. 고통은 붓다가 자신을 해방시키는 데 사용한 방편이자 우리가 자유로워질 수 있는 방편이기도 하다.

난감한 질문들

"나는 누구인가? 어디에서 왔는가? 내 인생의 의미는 무엇인가? 부모님은 내가 태어나는 것을 원했을까?" 이런 질문들 앞에서 난감해지는 것은 '동떨어진 자아'라는 관념에 사로잡혀 있기 때문이다. 하지만 깊이 들여다보면 우리에게 자아라는 것이 따로 없음을 깨닫게 된다. 이는 누구도 동떨어진 자아가 아니라는 진실, 조상을 포함해 모든 존재가 우리와 연결되어 있음을 깨닫는 것이다.

모든 세대를 위하여

우리는 우리 안에 있는 조상들과 후손들을 함께 해방시키는 방식으로 살아야 한다. 기쁨, 평화, 자유, 조화는 개인적인 일이 아니다. 우리 조상들을 해방시키지 않으면 평생 족쇄에 묶여 살다가 그것을 후손들한테까지 물려줄 것이다. 지금이 그 일을 할 때다. 그들을 해방시키는 것은 곧 우리를 해방시키는 것이다. 이것이 '상호내재(inter-being)'*의 가르침이다. 우리 안에 있는 조상들이 고통스러워하는 한 우리는 진정으로 행복할 수 없다. 마음을 모아 한 걸음씩 걷고 자유롭고 행복하게 땅을 딛고 설 때, 우리는 먼저 간 세대들과 나중에 올 세대들을 위해 그러고 있는 것이다. 그리고 마침내 우리는 함께 같은 순간에 도달하고, 함께 평화를 맛본다.

---

*
한 존재 속에 모든 존재가 들어 있다는 불교의 세계관이다. 예를 들어 종이 한 장에 그것을 존재하게 한 나무, 비, 햇빛, 땅, 꽃, 씨앗, 나무꾼은 물론 그 각각의 요소를 존재하게 한 다른 요소들을 포함한 온 우주가 들어 있다고 보는 것이다.

붓다 되기를 즐겨라

붓다가 되는 것은 어려운 일이 아니다. 붓다는 깨쳐서 사랑할 수 있고, 용서할 수 있는 어떤 사람이다. 때로는 너도 그런 네 모습을 본다. 그러니 붓다 되기를 즐겨라. 앉을 때는 네 안에 있는 붓다가 앉게 하라. 걸을 때는 네 안에 있는 붓다가 걷게 하라. 붓다 되기 연습을 즐겨라. 네가 붓다가 되지 않으면 누가 된단 말인가?

생각 멈추기

들숨과 날숨에 집중하면 자연스럽게 생각을 멈출 수 있다. 그렇게 1~2분쯤 연습을 계속하면 눕든지 앉든지 아니면 걷든지 간에 들숨과 날숨이 더 깊고 천천히, 더 평안하고 조화롭게 바뀔 것이다. 마음을 모아 숨 쉬는 것으로 우리는 평화와 조화의 씨앗을 우리 몸에 심는다.

허깨비들

지금 이 순간 무슨 문제가 있는가? 몸 상태가 어떤지, 느낌은 어떻고 마음은 어떤지 찬찬히 살펴보라. 문제가 있는가? 지금 이 순간 별문제가 없다면, 과거의 허깨비들이 우리를 점령하지 못하게 하자. 과거와 미래의 그림자들이 우리를 무너뜨리게 놔둘 수는 없다. 그것들은 허깨비일 뿐이다. 언제 어디서나 지금 이 순간에 현존하기를 연습하는 이유가 여기 있다. 그것이 우리의 수행이자 우리의 길, 화해로 가는 길이다.

참된 수행

수행에 깊이 들어가는 것은 겉모습으로만이 아니라 진정으로 수행하는 것을 의미한다. 진정으로 수행할 때 그것이 자신과 주변 사람들한테 기쁨, 평화, 안정을 가져다줄 것이다. 나는 '참수행'이라는 말을 좋아한다. 수행은 모름지기 즐거운 것이어야 한다. 참수행은 우리에게 참된 삶을 안겨 줄 수 있다. 마음을 모아 숨을 쉬면, 앉거나 걸을 때뿐 아니라 음식을 만들거나 청소를 하면서도 참으로 살아 있게 된다. 음식을 만들 때 미소와 함께 마음을 모아 숨 쉬는 법을 익히면 과거에 대한 번민이나 미래에 대한 걱정으로부터 벗어나 자유와 기쁨, 자비와 평화를 기르게 될 것이다. 그것이 바로 효과가 당장 나타나는 참수행이다.

찾아 구할 것 없다

안이니 밖이니 하는 관념을 넘어설 때, 얻고자 하는 것들이 이미 우리 안에 있음을 안다. 그것을 시간이나 공간에서 구할 이유가 도무지 없다. 지금 이 순간 손에 넣을 수 있다. 구할 것이 따로 없음에 대해 명상하는 것은 매우 중요한 일이다. 우리는 아무것도 성취할 필요가 없다. 우리는 이미 그것을 가지고 있다. 우리가 이미 그것이다.

붓다 걷기

처음 숨을 쉬려면 반드시 누군가 있어야 하고, 처음 걸으려면 반드시 누가 있어야 한다고 생각할 수 있다. 하지만 사실 걷기와 숨 쉬기만으로 충분하다. 또 다른 걷는 이나 숨 쉬는 이는 필요하지 않다. 우리는 그저 걷기와 숨 쉬기가 이어지는 것임을 알 수 있다.

그냥 걷기, 이것이 내가 생각하는 '붓다 걷기'다. 이는 매우 질(質) 높은 걷기다. 즐거운 걸음이기에, 마음을 모아 걷는 걸음이기에, 그 안에 많은 평화와 기쁨이 깃들어 있다. 숨 쉬기가 곧 붓다다. 걷기가 곧 붓다다.

명상의 두 얼굴

불교 명상을 들여다보면 두 얼굴이 보일 것이다. 하나는 멈추는 것이고, 다른 하나는 깊이 보는 것이다. 멈출 수 있으면 안정되어 집중하게 된다. 그것이 눈앞에 있는 것들을 깊이 보는 연습을 가능하게 한다. 사물의 본성을 깊이 들여다보면, 그것을 꿰뚫어 알게 된다. 그 '앎'이 우리를 고통으로부터 해방시킬 것이다.

44

이미 충분히 가지고 있다

붓다는 행복하기 위한 여러 조건들이 지금 여기에 충분히 갖춰져 있음을 알아차리는 '삼투스타(samtusta)' 수행에 대해 말했다. 우리는 더 무엇을 갖출 필요가 없다. '삼투스타'는 아주 적은 것으로 만족할 수 있다는 뜻으로 번역된다. 현재 순간으로 돌아올 때, 우리는 행복의 모든 조건이 우리에게 갖춰져 있음을 본다. 그것만으로도 지금 당장 얼마든지 행복할 수 있다는 사실을 알게 된다. 무언가를 구하러 이리저리 달릴 필요가 없다. 그렇게 해서 무언가를 손에 넣는다 해도, 그로써 행복해지기는커녕 오히려 다른 것을 더 얻고자 계속 달릴 것이기 때문이다.

다리

숨은 삶과 순수 의식을 잇고, 몸과 생각을 연결하는 다리다. 마음이 흐트러질 때마다 마음을 붙잡는 방편으로 숨을 활용하라.

잘 듣고 사랑스럽게 말하기

남의 말을 잘 듣고 사랑스럽게 말하는 것은, 상황에 맞추어 적절한 행동을 하는 데 필요한 깊은 이해에 도달하도록 우리를 도와주는 놀라운 방편이다. 남의 말을 잘 듣는 데는 다만 한 가지 목적이 있을 뿐이다. 그들이 자기 속을 털어놓아 모두 비워 낼 수 있도록 도와주려는 것이다. 남의 말을 잘 듣는 것 자체가 이미 그의 고통을 덜어 주는 행동이다. 남의 고통을 덜어 주는 것은, 그것이 아무리 사소한 고통이라도 세계 평화에 이바지하는 위대한 행동이다. 고통을 끝내는 길은 깊은 이해와 더 이상 누군가를 해치거나 괴롭히지 않으면서 행동할 수 있는 능력에 달려 있다. 이는 남에게 자비를 베풀면서 아울러 자신을 보호하는 최선의 방편이다.

깨달음의 마음

산스크리트어로 '보디치타(Bodhichitta)'는 깨달은 마음이면서 시작하는 자의 마음이다. 수행을 하여 자신의 고통을 변화시킬 뿐 아니라 고통받는 많은 사람을 돕겠다는 간절한 바람을 품는 순간의 마음은 매우 아름답다. 그것은 중생을 돕기 위해 자신의 해탈을 이룬 보살의 마음이다. 때로 우리는 그것을 '사랑의 마음'이라고 부른다. 우리는 이 사랑 때문에 수행을 하므로, 단순히 고통에서 벗어나는 것 그 이상을 바란다. 고통을 변화시켜 자신의 고통으로부터 자유로워지고, 다른 많은 사람이 스스로의 고통을 변화시킬 수 있도록 돕기를 희망하는 것이다.

아무 일도 하지 않음을 즐겨라

어디서든지 잠시 앉을 짬이 나거든 거기 앉아서 아무 일도 하지 않음을 즐겨라. 그냥 자신의 들숨과 날숨을 즐기는 것이다. 잡생각, 걱정, 계획 따위로 어지러워지게 자신을 내버려 두지 마라. 거기 앉아서 아무 일도 하지 않음을 즐겨라. 너의 숨결과 지금 네가 아무 일도 하지 않고 앉아 있다는 사실 자체를 즐겨라. 그것이 치유요, 바꿈이요, 영양 섭취다.

무엇이 나뭇잎인가?

손에 나뭇잎이 한 장 들려 있다고 생각해 보자. 너는 무엇을 보는가? 나뭇잎은 나뭇잎이다. 꽃이 아니다. 하지만 나뭇잎을 깊이 들여다보면 거기서 많은 것을 볼 수 있다. 나무를 볼 수 있고, 햇빛을 볼 수 있고, 구름을 볼 수 있고, 흙을 볼 수 있다. '나뭇잎'이라는 말을 입에 담을 때 우리는 그것이 '나뭇잎 아닌 요소들'로 이루어졌음을 알아야 한다. 햇빛, 구름, 흙 같은 나뭇잎 아닌 요소들을 모두 치우면 나뭇잎은 남아 있지 않는다. 몸과 마음도 그렇다. 우리는 다른 존재들과 같지 않지만, 그렇다고 그것들과 떨어져 있지도 않다. 우리는 모든 것에 연결되어 있다. 모든 것이 우리 안에 살아 있다.

기본 원리

우리는 자신에게 허락된 날들을 낭비하고 있지는 않은가? 인생을 허비하고 있는 것은 아닌가? 이는 매우 중요한 질문이다. 매 순간 살아 있는 것이 불교 수행의 진수다. 앉기 명상이나 걷기 명상을 할 때, 우리는 온전히 앉고 걷는 법을 안다. 하루의 나머지 시간에도 또한 그렇게 수행해야 한다. 결코 쉬운 일이 아니지만 불가능한 것도 아니다. 앉기 명상과 걷기 명상은 하루의 나머지 시간으로도 이어져야 한다. 이것이 명상의 기본 원리다.

섬세한 몸짓

매 순간 수행 정진하려고 애쓰는 제자를 선사(禪師)가 말없이 지켜본다. 제자는 스승이 자기를 충분히 지켜보지 않는다고 생각하지만, 그의 몸짓 하나도 스승의 눈길을 피할 수 없다. 스승은 제자가 지금 깨어 있는지 그렇지 않은지 알고 있다.

예컨대 제자가 문을 소리 나게 닫으면 지금 그 마음이 충분히 깨어 있지 않다는 표시다. 문을 조용히 닫는 것 자체가 대단한 덕목은 아니다. 그러나 자기가 지금 문을 닫고 있음을 알면 제대로 수행하고 있다는 이야기가 된다. 소리 나게 문을 닫은 제자에게 스승은 문을 조용히 닫으라고, 마음을 모으라고 일러준다. 스승이 그렇게 말하는 것은 도량을 시끄럽지 않게 하려는 것만이 아니라, 제자에게 지금 그의 마음이 흐트러져 있고 그래서 행동이 거칠어졌음을 일깨워 주려는 것이다. 불교에서는 닦아야 할 섬세한 몸짓이 9만 개나 있다고 가르친다. 이러한 몸짓과 행동은 마음챙김으로 현존하고 있음의 표현이다.

상처 입기 쉬운 아이

어렸을 때 우리는 상처 입기 쉬운 어린아이였다. 그래서 자주 다쳤다. 아버지의 엄한 시선은 우리를 겁먹게 했고, 어머니의 험한 말은 가슴에 깊은 상처를 남겼다. 어린 마음에 이런저런 생각이 들어도 표현하기가 쉽지 않았다. 우리는 시도하고 또 시도해 보았다. 때로 적절한 말이 생각났지만 어른들은 귀담아듣지 않았고 들으려 하지도 않았다.

우리는 우리 안으로 들어가 거기 있는 어린아이에게 말을 걸고, 그의 말을 들어주고, 그의 말에 대꾸해 줄 수 있다. 부모의 사랑과 보살핌을 받으면서 자란 나도 내 안의 아이와 이야기를 나눈다. 이 수행은 내게 큰 도움을 주었다. 어린아이는 지금도 거기 있고 큰 상처를 입었을지 모른다. 우리는 오랫동안 우리 안에 있는 아이의 존재를 모르고 살아왔다. 돌아가야 한다. 그래서 우리 안에 있는 어린아이를 위로하고 사랑하고 돌봐 주어야 한다.

연인과 다투었을 때

사랑하는 사람과 말다툼을 했을 때는, 눈을 감고 300년 뒤 자신의 모습을 그려 보라. 그런 다음 눈을 뜨면 서로가 서로에게 얼마나 소중한 존재인지를 알고 팔 벌려 안아 주고 싶은 마음이 들 것이다. 무상에 대한 가르침은 우리로 하여금 눈앞에 있는 것들에 집착하거나 망각하지 않으면서, 그것들의 가치를 충분히 알아볼 수 있도록 도와준다.

삶의 의식

장작 패기가 명상이다. 물 긷기가 명상이다. 따로 시간을 정해
서 명상하고 경전을 읽고 기도문을 암송할 때뿐 아니라 하루
24시간 깨어 있으라. 모든 행동을 깨어 있는 마음과 함께해야
한다. 모든 행위가 예배요 의식(儀式)이다. 찻잔을 입가로 들어
올리는 것도 의식이다. '의식'이란 단어가 너무 딱딱한가? 사
느냐 죽느냐가 깨어 있음에 달렸음을 일깨우고자 일부러 이 말
을 쓴다.

진짜 기적

지금 내가 경이로운 대지 위를 걷고 있음을 의식하면서 널리 풀밭이 펼쳐진 시골길을 홀로 걷는 것이 좋다. 그런 순간마다 내게는 존재 자체가 기적이요 신비다. 사람들은 물 위를 걷거나 공중에 뜨는 것을 기적이라고 생각한다. 하지만 진짜 기적은 물 위를 걷거나 공중에 뜨는 것이 아니라 땅 위를 걷는 것이다. 날마다 우리는 온갖 기적들 속에 파묻혀 살면서 그것들을 알아보지 못한다. 파란 하늘, 흰 구름, 초록색 나뭇잎, 호기심으로 반짝이는 아이의 검은 눈동자, 그리고 그것들을 보는 우리의 두 눈, 이 모두가 진짜 기적이다.

싸움을 멈춰라

'둘이 아님[不二]'*에 대한 통찰이 네 안의 전쟁을 멈추게 할 것이다. 지금껏 너는 다투며 살아왔고, 아마 지금도 다투고 있을 것이다. 하지만 그 다툼이 너에게 반드시 필요한 것인가? 아니다. 다툼은 쓸데없는 짓이다. 싸움을 멈춰라.

---

*

겉으로 보면 만물은 서로 다르지만 실제 모습을 깊이 살펴보면 서로 연결되어 있으므로 서로 다르지 않다는 불교의 세계관이다.

지금이 미래다

마음챙김 수행은 미래를 위해 계획을 세우는 것을 금하지 않는다. 어찌 될지 알 수 없는 미래에 대한 두려움에 자신을 잃지 않는 것은 중요하다. 하지만 우리가 진정으로 현재 순간을 잘 살면, 미래를 지금 여기로 가져와 계획을 세울 수 있다. 미래를 생각하면서 현재 순간을 잃지 않을 수 있다. 사실 과거와 미래는 현재 순간에 담겨 있는 것이다. 미래를 이루는 유일한 요소는 현재다. 현재를 잘 사는 것이 미래를 위해 할 수 있는 일의 전부다. 마음을 모아 현재를 착실히 사는 것으로 이미 너는 미래를 이루고 있다.

안에 있는 침묵

침묵은 바깥에서 오는 것이 아니라 네 안에 있는 것이다. 침묵
은 말을 하지 않거나, 어떠한 행동도 하지 않는 것을 뜻하지 않
는다. 그것은 네 속에 어지러운 말이 없는 것이다. 어지러운 말
들로 네 안이 방해받지 않는 것이다. 제대로 침묵할 줄 아는 사
람은 어떠한 상황에서도 침묵을 즐길 수 있다. 아무리 고요한
환경에 둘러싸여 있어도, 머릿속에 끊임없이 떠들어 대는 말
이 있으면 그것은 고요가 아니다. 무슨 일을 하든지 그 속에서
고요를 찾아내는 것이 침묵 수행이다.

땅의 자손

우리는 땅의 자손이다. 우리는 땅에 의존하고 땅은 우리에게 의존한다. 땅이 아름답고 생기 있고 깨끗한지 아니면 건조하고 바싹 말랐는지는 그 위를 걷는 우리에게 달렸다. 부디 깨어 있는 마음으로 집중하여 즐거이 땅을 밟아라. 땅이 너를 치유하고 네가 땅을 치유할 것이다.

집중의 힘

집중은 우리가 한 가지 사물에 초점을 모으도록 도와준다. 집중하면 보는 힘이 강해지고 통찰이 가능해진다. 통찰에는 언제나 우리를 자유롭게 하는 힘이 있다. 마음챙김을 유지할 줄 알면 저절로 집중하게 되고, 집중하는 법을 알면 저절로 통찰을 얻게 된다. 마음챙김의 에너지는 우리로 하여금 깊이 들여다보고, 필요한 통찰을 얻고, 그리하여 변화를 이룰 수 있도록 도와준다.

숨바꼭질 놀이

만화경을 가지고 놀아 본 적이 있는가? 조금만 움직여도 별별 재미있는 것들이 나타난다. 온갖 색깔의 온갖 모양이 보인다. 잠시 보다가 만화경을 돌리면 이전 형상이 순식간에 사라지면서 다른 형상들이 나타난다. 그 많은 형상들 가운데 하나가 사라질 때마다 소리쳐 울어야 하겠는가? 꽃 한 송이가 나타났다가 사라진다. 수천 번, 수만 번 나타났다가 사라진다. 무언가를 깊이 들여다보면 진실이 보일 것이다. 우리는 나타나고 사라진다. 숨바꼭질 놀이다.

62

정말 그런가?

우리는 모두 사람이다. 그리고 날마다 잘못 아는 게 참 많다. 배우자나 직장 동료도 마찬가지다. 우리는 좀 더 분명하고 깊게 볼 수 있도록 서로를 도와야 한다. 자신의 눈과 귀를 너무 믿어서는 안 된다. 이것이 붓다의 가르침이다. "네가 알고 있는 것이 정말 그런가?" 이 문장을 써서 거실에 붙여 놓기를 권한다.

네 안에는 인식의 강이 흐르고 있다. 그 강둑에 앉아서 보고 듣는 모든 것을 살펴봐야 한다. 붓다는 우리가 알고 있는 것들 대부분이 가짜라고 말했다. 네가 알고 있는 것이 정말 그런가? 너에게 던져진 물음이다. 깨어 있으라는 종소리다.

사랑하는 이에게 주는 선물

지금 여기에 현존하는 법을 알 때, 그것을 사랑하는 이에게 선물로 줄 수 있다. 이는 매우 현실적인 것이다. 경비가 하나도 들지 않고 아주 빨리 할 수 있는 쉬운 일이다. 결실을 보기 위해 몇 년씩 수행해야 하는 것도 아니다. 1분이면 족하다. 그러니 지금 당장 배운 대로 실천에 옮겨 보라.

하느님 나라 산책하기

우리는 날마다 하느님의 나라, 붓다의 정토를 산책할 수 있다.
우리에겐 필요한 모든 것들 — 팔다리, 허파, 심장, 눈, 그리고
마음 — 이 있다. 조금만 연습하면 등에 불을 밝히듯 우리 안에
있는 마음챙김 에너지를 살려 낼 수 있다. 일단 지금 여기에 깨
어 있는 마음으로 현존하면 한 걸음만 걸어도 그 걸음으로 하
느님의 나라에 들어갈 것이다.

자신을 과소평가하지 마라

자신을 과소평가하지 마라. 너에겐 깨어날 가능성이 있다. 자비로워질 능력이 있다. 네 안에 있는 가장 좋은 것에 가 닿기 위해서는 조금만 연습하면 된다. 깨달음, 마음챙김, 이해, 그리고 자비가 모두 네 안에 있다. 걷기 명상, 호흡 알아차리기, 마음 모아 설거지하기 같이 아주 간단한 실천만으로도 지옥을 벗어나 처음부터 네 안에 있던 좋은 씨앗들을 길러 낼 수 있다.

모두가 혜택을 입다

스스로 행복하지 않고 스스로 평화롭지 않으면, 다른 사람에게 행복과 평화를 나눠 줄 수 없다. 비록 그들이 우리가 사랑하는 사람이고, 한 지붕 아래 사는 사람이라 할지라도 말이다. 우리 스스로 행복하고 평화로우면, 우리는 한 송이 꽃처럼 웃으며 향기를 뿜을 수 있다. 그리고 온 가족, 온 사회가 그 혜택을 받을 것이다.

참된 이해

명상 수행이란 보는 자와 보이는 물건, 주체와 객체 사이의 경계가 무너진 자리에서 현실을 보는 것이다. 우리는 관찰자와 관찰 대상 사이의 경계를 지워야 한다. 누군가를 이해하고자 한다면 그의 피부 속으로 들어가야 한다. 친구와 가족이 서로를 진정으로 이해하고자 한다면 서로가 되어야 한다. 참된 이해에 이르는 유일한 길은 이해하려는 대상이 되는 것이다. 이해하는 주체와 이해되는 객체 사이의 경계가 사라질 때 비로소 진정한 이해가 생겨난다.

분별하지 않음

평화와 자비는 이해와 분별하지 않음에서 온다. 저것을 버리고 이것을 잡는 것은 분별하기 때문이다. 우리는 자비의 눈으로 모든 살아 있는 것을 아울러 볼 수 있다. 자비로운 사람은 만물 안에서 자기 자신을 본다. 여러 관점으로 현실을 볼 수 있을 때, 우리는 모든 관점의 차이를 극복하고 모든 상황에서 자비롭게 처신할 수 있다.

홀연히 자유로워지다

너는 한 걸음 옮기면서 땅과 닿으며 현재 순간에 현존할 수 있다. 지금 여기에 도달하는 것이다. 그러기 위해 어떠한 노력도 할 필요가 없다. 깨어 있는 마음으로 땅에 발을 디디며 지금 여기에 착실히 도달한다. 홀연히 너는 모든 계획과 걱정과 기대로부터 자유로워진다. 너는 지금 충실하게 현존하고, 충실하게 살아 있으며, 충실하게 땅과 맞닿아 있다.

웃음의 기적

얼굴에는 수많은 근육이 있다. 화를 내거나 겁이 날 때 근육들이 잔뜩 긴장한다. 하지만 숨을 들이쉬면서 그것을 알아차리고, 숨을 내쉬면서 그것을 향해 웃어 주면 얼굴의 긴장이 풀린다. 그렇게 한 번 숨을 들이쉬고 내쉬는 것만으로도 얼굴이 확연하게 달라진다. 한 번의 웃음이 기적을 부른다.

버릇 에너지

버릇 에너지가 우리를 밀고 당긴다. 깨어 있지 못한 상태로 무슨 짓을 하게 만든다. 때로 우리는 자신이 무엇을 하는지 알지 못한 채 그 일을 하는 경우가 있다. 심지어 하고 싶지 않은 일을 할 때도 있다. 그럴 때 우리는 말한다. "그러고 싶지 않았어. 하지만 그러지 않을 수 없었어. 그게 나보다 힘이 셌거든." 이것이 바로 오랜 과거 세대로부터 전해 내려온 씨앗이요 버릇 에너지다.

우리는 많은 것을 유산으로 물려받았다. 그렇게 물려받은 것들 가운데 하나인 버릇 에너지를 깨어 있는 마음으로 알아차릴 수 있다. 우리는 부모나 조부모 역시 이 점에서 우리와 마찬가지로 나약했음을 알 수 있다. 조상들이 물려준 좋지 않은 버릇들을 판단하지 않고 바라볼 수 있다. 우리는 우리의 허물과 버릇 에너지를 향해 웃어 줄 수 있다. 깨어 있으면 다르게 선택하고, 다르게 행동할 수 있게 된다. 지금 당장 우리는 고통의 악순환을 끊어 버릴 수 있다.

너는 지금 안전하다

모든 종류의 욕망은 안전하고자 하는 근본 욕망의 연속이다.
우리 안의 어린아이가 걱정과 두려움 속에서 계속 떨고 있다.
지금 이 순간은 아무런 문제가 없고 위협도 없다. 이는 곧 우리
에게 어떤 문제도 없다는 뜻이다. 그런데 왜 걱정하고 두려워
하는가? 우리는 이러한 지혜를 우리 안에 있는 어린아이에게
전해야 한다. 더 이상 무서워할 것 없음을 그 아이가 깨닫도록
도와줘야 한다.

닻

지금 여기로 돌아와 인생을 깊이 있게 살아가는 많은 방법이 있다. 그 모든 방법은 숨을 알아차리는 데서 시작된다. 깨어 있는 숨에 닻을 내리면 언제 어디서나 수행을 할 수 있다. 그렇지 않으면 인생을 놓쳐 버릴 수 있다. 지금 그리고 여기에서만 살 수 있는 것이 인생이기 때문이다.

자아라는 관념에 사로잡혀

서양의 심리 치료법은 견실하고 온전한 자아를 세우도록 돕는
데 목적이 있다. 하지만 여전히 자아라는 관념에 사로잡혀 있
어서 어느 정도의 변화와 치유를 가져다 줄 뿐, 더 나아가지 못
한다. 동떨어진 자아라는 관념에 사로잡혀 있는 한 여전히 우
리 안에 무지(無知)가 남는다. 우리가 자아와 자아 아닌 것 사
이의 긴밀한 관계를 볼 수 있을 때 무지는 치유되고 고통과 분
노, 질투와 두려움은 사라진다. '자아 없음〔無我〕'을 수련하면
사람들을 괴롭히는 온갖 문제들 너머로 건너갈 수 있다.

우리의 참본성

자신의 참본성을 깊이 들여다볼 때, 우리는 그것의 궁극적 실제에 다가갈 수 있다. 궁극적 실제는 태어남도 죽음도, 높음도 낮음도, 여기도 저기도 없다. 불교에서는 그것을 '니르바나' 또는 '그러함〔如如〕'이라고 부른다. 있음과 있지 않음, 죽음과 태어남 같은 모든 개념의 소멸이 니르바나다.

우리는 이 차원을 우리 안에 있는 '궁극'이라고 부른다. 실제로 우리는 태어남과 죽음에서 자유롭고, 있음과 있지 않음에서 자유롭다. 우리의 참본성은 니르바나의 본성이다. 우리가 그리스도인이면 이 '궁극'을 '하느님'이라고 부를 수 있겠다. 하느님 나라는 태어나지도 죽지도 않고, 높지도 낮지도 않고, 있지도 있지 않지도 않은 나라다.

성자들

가끔 우리는 지극히 순결하고 아름답고 넉넉한 사람들을 만나는데, 그들에게서 거룩한 성자의 모습을 본다. 그럴 때 우리가 그들에게서 발견하는 것은 그들의 깨달은 자아, 그들의 불성(佛性)이다. 그리고 그들이 우리에게도 깨달음의 가능성이 있음을 비춰 준다.

인생에서 가장 놀라운 순간

붓다의 가르침은 지금 이 순간을 인생에서 가장 놀라운 순간으로 만들라는 것이다. 그 가르침대로 지금 이 순간을 인생의 가장 놀라운 순간으로 만들어야 한다. 그러기 위해서는 자유로워져야 한다. 과거와 미래, 그 밖의 다른 것에 사로잡혀 걱정하고 근심하는 자신으로부터 스스로를 해방시키는 것이 지금 우리에게 가장 필요한 전부이다.

상처받은 아이

자비심으로 귀를 기울인다고 말할 때 우리는 흔히 다른 누구의 말에 귀 기울이는 것을 생각한다. 하지만 우리는 또한 자기 안에 있는 상처받은 아이의 말도 들어야 한다. 가끔은 우리 안에 있는 상처받은 아이에게 모든 것을 집중해야 할 때가 있다. 그 아이가 우리의 깊은 잠재의식에서 나와 자기를 눈여겨보라고 요청하는 바로 그때 마음이 깨어 있으면, 도와달라는 아이의 목소리가 들릴 것이다. 그럴 때 하던 일을 멈추고 곧장 돌아가 상처받은 그 아이를 부드럽게 안아 주어라.

잃어버린 암소

하루는 붓다가 비구들과 숲속에 앉아 있는데 한 농부가 급히 다가왔다. 잃어버린 암소를 찾아서 달려오는 길이었다. 그가 비구들에게 이리로 지나가는 암소를 보았느냐고 물었다. 붓다가 말했다. "아니, 보지 못했소. 어디 다른 데로 가보는 게 좋겠소." 농부가 사라지자 붓다는 비구들을 둘러보고 웃으며 말했다. "그대들은 참 행복한 사람들이오. 잃어버릴 암소가 없으니 말이오."

우리는 우리에게 있는 암소들의 이름을 종이에 적어 보는 수행을 할 수 있다. 이름을 모두 적은 다음, 과연 그것들 가운데 어느 것을 놓아 버릴 수 있는지 생각해 보는 것이다. 자신의 행복과 안녕을 위해 반드시 필요한 것처럼 여겨지던 것들이, 깊이 들여다보면 오히려 참된 기쁨과 행복에 장애가 된다는 사실을 깨닫게 될 것이다.

누구에게나 있는 씨앗

마음챙김은 우리에게 길을 보여 주는 빛이다. 그것은 우리 안에 있는 살아 있는 붓다다. 마음챙김은 통찰, 깨어남, 자비, 그리고 사랑을 낳는다. 불교인뿐 아니라 그리스도인, 유대인, 이슬람교인, 마르크스주의자도 마음챙김 능력을 발휘할 수 있다. 사람이면 누구나 마음챙김 씨앗을 속에 담고 있다. 이 씨앗에 물을 주는 법을 알면 그것이 자랄 터이고, 우리는 다시 살아나 인생의 온갖 경이로움을 즐길 수 있을 것이다.

달아나지 마라

우리는 우리 안에 있는 고통을 피해 달아나려 한다. 쾌락을 추구함으로써 고통을 피할 수 있다고 생각한다. 하지만 그렇지 않다. 오히려 그것은 우리의 행복을 자라지 못하게 방해한다. 이해, 자비, 사랑 없이는 누구도 행복할 수 없다. 그리고 자기 자신의 고통과 다른 사람의 고통을 함께 이해하지 않고서는 사랑할 수 없다.

고통을 있는 그대로 받아들이는 것이 자비와 사랑을 기르는 데 도움이 된다. 이해와 사랑 없이 우리는 행복할 수 없고 다른 사람을 행복하게 해줄 수도 없다. 우리 안에는 자비, 용서, 기쁨, 그리고 아무것도 두려워하지 않는 평온의 씨앗이 있다. 우리가 계속해서 고통을 피하려고만 한다면 그 씨앗들을 길러 낼 수 없다.

믿을 만한 것

마음챙김이야말로 믿을 만한 것이다. 마음챙김을 믿는 것은 안전하다. 그것은 결코 추상적이지 않다. 물 한 잔 마시면서 자기가 지금 물을 마시고 있음을 알 때, 거기에 마음챙김이 있다. 앉고 서고 걷고 숨 쉬면서 자기가 지금 앉고 서고 걷고 숨 쉬고 있음을 알 때, 우리는 우리 안에 있는 마음챙김 씨앗에 물을 주는 것이다. 그렇게 며칠만 지나도 마음챙김 능력이 건강하게 자랄 것이다.

더 깊은 인생관

깨어 있는 마음으로 모든 것을 알아차리는 연습을 통해 우리는 인생의 깊은 본질에 다다른다. 무상(無常)이 삶의 부정적인 모습을 보여 주는 게 아님을 이해하는 건 매우 중요하다. 무상이야말로 삶의 근본 바탕이다. 존재하는 것들이 무상하지 않으면 삶은 지속될 수 없다. 사과 한 알이 무상하지 않으면 어떻게 그것이 사과나무로 바뀌겠는가? 어린아이가 무상하지 않으면 어떻게 어른으로 자랄 수 있겠는가?

삶은 덧없다. 그렇다고 살 가치가 없다는 말은 아니다. 오히려 삶이 이토록 소중한 까닭은 그것이 무상해서다. 그러므로 우리는 매 순간 삶을 어떻게 착실히 책임지고 살 것인지 그 방법을 알아야 한다. 지금 이 순간을 온전히 살 수 있으면 나중에 뉘우치지 않을 것이다. 어떻게 하면 가까이 있는 이들을 돌봐 주고, 그들을 행복하게 해줄 수 있는지 그 방법을 알게 될 것이다. 모든 것이 무상하다는 진실을 받아들일 때, 우리는 그것들이 소멸되어 사라져도 괴로워하지 않는다. 모든 일이 끊임없이 바뀌고, 생겼다 소멸하고, 일어났다 무너지는 현실 앞에서 언제나 평화롭고 스스로 만족할 수 있다.

깨어 있는 숨 쉬기

숨 쉬면서 숨 쉬는 줄 아는 것이 기본 수행이다. 숨 쉬기의 문을 통과하지 않고서는 누구도 성공적으로 명상을 할 수 없다. 자기 숨을 알아차리는 수행은 집중과 통찰의 영역으로 들어가기 위해 일단 멈추어, 깊이 들여다보는 문으로 들어서는 것이다. 명상의 큰 스승 탕호이 선사는 깨어 있는 숨 쉬기야말로 붓다가 중생에게 전한 가장 훌륭한 수련법이라고 말했다.

깨어 있는 숨 쉬기는 모든 집중 명상으로 들어가는 문이다. 또한 그것은 존재하는 모든 것의 덧없음〔無常〕, 비어 있음〔空〕,* 상호의존성, 자아 없음〔無我〕, 둘이 아님〔不二〕에 대한 깨달음으로 우리를 이끈다. 물론 깨어 있는 숨 쉬기 없이도 일단 멈추어 깊이 들여다보는 연습을 할 수 있다. 그러나 깨어 있는 숨 쉬기는 우리가 취할 수 있는 가장 안전하고 확실한 길이다.

---

* 현상을 깊이 들여다보면 그것의 고정불변하는 본성은 없다는 불교의 세계관이다.

몸과 마음은 하나다

몸과 마음이 하나일 때 우리는 온전히 현존한다. 그때 온전히 살아 있어, 지금 여기에서 맛볼 수 있는 삶의 경이를 접할 수 있게 된다. 그렇게 우리는 마음뿐 아니라 몸으로도 수행해야 한다. 몸과 마음은 둘이 아니라 하나로 경험되어야 한다. 그 기반에서 우리는 우리가 찾는 모든 것이 이미 거기 있음을 보게 된다.

86

하는 일마다 기쁨이

칫솔질, 요리, 산책 같은 우리가 하는 모든 일, 모든 걸음, 들이쉬고 내쉬는 모든 숨에서 기쁨과 행복을 맛볼 일이다. 인생은 이미 고통으로 가득 차 있다. 그것을 더 만들 이유도 필요도 없다.

바다

바다를 바라본다고 생각해 보자. 우리는 수면에서 오르내리는 물결을 본다. 물결의 관점에서 보면 태어남과 죽음, 높음과 낮음, 일어남과 꺼짐이 분명 있다. 물결마다 서로 다르다.

하지만 모든 물결은 '물'이라는 본질로 이루어져 있다. 그것은 물결이면서 동시에 물이다. 태어남과 죽음, 높음과 낮음, 일어남과 꺼짐은 역사의 차원인 물결에만 해당되는 개념이다. 궁극의 차원인 물 자체에는 해당되지 않는다.

가장 깊은 안식

우리는 고통에서 벗어나 참된 안식을 얻고자 바야흐로 명상 수
행을 한다. 어떻게 하면 고통을 다른 것으로 바꾸어 진정한 안
식을 얻을 것인지, 그 방법을 명상이 우리에게 가르쳐 줄 것이
다. 하지만 가장 깊은 안식은 니르바나를 깨치는 것이다.

붓다의 초대

우리는 일상생활의 번잡함에 사로잡혀 살고 있다. 그래서 현실을 있는 그대로 받아들이고 마음챙김하며 사는 법을 연습할 충분한 시간을 갖지 못한다. 사물들을 깊이 접하고 삶의 본질을 발견할 시간이 없다. 우리는 근본 스승이신 붓다로부터, 우리가 가진 지성과 시간과 재능을 이용해 시간에 구애받지 않는 명상법을 맛보라고 초대받았다.

인생의 무상함을 기억하라

사랑하는 사람이 죽는 것을 볼 때 우리는 그에게 품었던 분노
와 비난을 거두게 된다. 그때 우리는 사랑하는 이들과 좀 더 다
정하게 지내며 그들을 돌봐 주고 행복하게 해주는 법을 배운
다. 그들의 무상함에 대해 깨어 있을 때 우리는 하루하루 사는
동안 사랑하는 이들에게 생각 없이 말하고 행동하지 않게 된
다. 우리에게 가장 중요한 사람들을 해치지 않는 법, 자기와 남
들 안에 있는 고통의 씨앗에 물 주지 않는 법을 배운다.

수행하지 아니함의 수행

앉기 명상을 하거나 걷기 명상을 하기 위해 몸부림치고 있다면, 제대로 명상하고 있는 게 아니다. 붓다는 "내 수행은 수행하지 아니함의 수행이다."라고 말했다. 모든 다툼을 포기하라. 너 자신을 그대로 있게 하라. 그리고 쉬어라.

편들지 마라

화해란 이원론적 견해와 누군가를 벌주려는 성향을 등지는 것
이다. 화해는 온갖 형태의 욕망에 반대하지만 어느 한쪽을 편
들지 않는다. 대부분의 사람들은 갈등의 현장에서 어느 한쪽
편에 서려고 한다. 편파적인 증거나 남의 말에 근거해 그른 것
에서 옳은 것을 가려낸다. 우리는 행동하려면 분개해야 한다
고 생각한다. 하지만 아무리 합법적이고 정당하다 해도 분개
로는 충분하지 않다. 우리가 사는 이 세상은, 정의로운 행동에
기꺼이 뛰어들려는 사람들이 부족한 게 아니다. 우리에게 부
족한 것은 어느 한쪽을 편들지 않으면서 전체 현실을 껴안을
수 있고 사랑할 줄 아는 그런 사람들이다.

굶주리는 아이들의 몸이 자기 몸으로 보일 때까지, 살아 있는
중생의 아픔이 자기 아픔으로 느껴질 때까지, 마음챙김과 화
해를 연습해야 한다. 그때 비로소 아무것도 판단하지 않고 분
별하지 않는 참사랑을 실천할 수 있다. 그리고 모든 것을 자비
의 눈으로 보고 사람들의 고통을 참으로 덜어 줄 구체적인 작
업에 들어갈 수 있다.

휴식으로 시작되는 평화

우리는 사회와 학교에서 평화를 실천해야 한다. 교사들은 몸소 평화를 실천하고 학생들에게 평화를 실천하는 법을 가르쳐야 한다. 한 나라의 대통령이나 정당의 당수들은 장관이나 고위층 지도자들이 평화를 이루도록 도와주기 전에 먼저 자기 몸과 마음으로 평화를 연습해야 한다. 평화회의를 개최할 때마다 걷기 명상과 앉기 명상으로 시작하는 게 바람직하다. 그곳에 모인 사람들의 몸과 마음에서 긴장, 분노, 두려움 따위를 지워 버리고 온전한 휴식에 들어가는 과정을 지도할 누군가가 있어야 한다. 그렇게 함으로써 정치계와 사회 각계각층에서 영적 차원이 전개될 것이다.

무한한 생명

살면서 우리 자신이 다른 여러 모습으로 존재하듯이, 우리 삶에는 다중의 현상들이 존재한다. 우리는 생명이고 생명은 무한하다. 물론 우리가 이 세상에 사는 동안만, 다른 사람의 괴로움과 즐거움을 함께 나누는 동안만을 살아 있는 것이라고 말할 수 있다. 다른 사람의 고통이 우리의 고통이고 다른 사람의 행복이 우리의 행복이다. 우리의 생명에 한계가 없으면 우리의 자아를 이루는 다섯 무더기[五蘊]에도 한계가 없는 것이다. 세상사의 덧없음, 인생의 성공과 실패가 더 이상 우리를 조종할 수 없다. 존재하는 모든 것이 서로 의존되어 있음을 깨닫고 실제 속으로 깊이 들어갈 때 그 무엇도 우리를 억누르지 못한다.

"당신의 그 슬픔을 향해 웃어 줄 수 있어야 합니다.
왜냐하면 우리는 슬픔보다 더 큰 존재이기 때문입니다."

모두 함께 웃다

몸으로 돌아와서

가까이 지낼 사람

참된 말씀

생각에 빠져 길을 잃다

죽음이 두렵지 않은 사람

격한 감정이 일어날 때

할 일 없는 그런 사람

모든 행동이 수행

가장 큰 장애

서두르는 버릇

너의 인식들을 깊이 들여다보라

쉽게, 즐겁게

선과 악

폭풍 속의 나무

너 자신에게로 돌아오라

치유 주문

행복과 평화를 잇아 가는 것

글로벌한 생각

화해시키기

그들 또한 고통스럽다

지금 이 순간 충분히 행복하다

기적 성취하기

자기도 돌보지 못하면서

잃을 것도 얻을 것도 없는

아주 쉬운 일

네 눈앞에 있는 아름다움

비폭력 연습

공짜 선물

어머니와 나

모양을 이룸

주먹에서 힘을 빼기

네 가슴이 꽃피게 하라

행복 훈련

상호 의존하는 세계

마음챙김 에너지

통찰의 힘

우리는 광활하다

우는 아이

내면의 갈등

접시를 닦는 기쁨

느낌의 강물

틈새

고결한 진리

마을의 종소리

행복에 대한 생각

사과나무

"나는 생각한다, 그러므로 나는
지금 여기에 존재하지 않는다."
너는 생각 속에서 너 자신을 잃어버렸다.

무엇이 네 진짜 얼굴인가

우리는 붓다가 살아 있다거나 죽었다고 말할 수 없다. 실제는 태어남, 죽음, 생성, 소멸을 넘어선다. "부모에게서 태어나기 전 너의 본래 모습이 무엇인가?" 태어나지도 죽지도 않는 진짜 너를 보라.

고통의 세대들

수행을 하면 우리 안의 상처받은 아이가 우리 자신만이 아님을 알 수 있다. 우리 안의 상처받은 아이는 여러 세대를 대표할 수 있다. 어머니는 사는 동안 많은 고통을 겪었을 것이다. 아버지 도 그랬을 것이다. 어쩌면 부모님은 자기 안의 상처받은 아이 를 돌볼 수 없었는지 모른다. 그러니 우리 안의 상처받은 아이 를 껴안을 때, 우리는 조상들의 상처받은 아이를 함께 껴안는 것이다. 이 수행은 우리만을 위한 것이 아니다. 우리의 수많은 조상과 후손 들을 위한 것이기도 하다.

든든한 실제

숨을 들이쉴 때 우리는 몸과 마음을 하나로 만든다. 그렇게 온전히 하나가 된다. 마음챙김과 집중의 에너지로 우리는 한 걸음씩 조심스레 발걸음을 옮긴다. 마음챙김 속에서 한 걸음 옮길 수 있으면 다음 또 다음 걸음도 그렇게 옮길 수 있다. 이것이 바로 참된 집임을 깨달을 때, 참으로 살아 있고, 온전히 현존하고, 실제의 삶과 맞닿는다. 발과 손과 마음으로 닿을 수 있는 든든한 실제가 곧 너의 참된 집이다.

활기차게 살아라

마음챙김 수행은 삶으로부터의 회피나 도피가 아니다. 마음챙김이 주는 에너지를 받아 활기차게 삶 속으로 들어가는 것이다. 자유와 집중 없이는 행복도 없다.

강가의 조약돌처럼

부디 명상 수행을 할 때 어떠한 노력도 하지 마라. 자신을 쉬고 있는 조약돌처럼 그냥 있게 놔두어라. 조약돌은 강바닥에서 편히 쉬고 있다. 아무 일도 하지 않는다. 지금 우리는 걸으면서 쉬고 있다. 앉아서 쉬고 있다.

얻을 것이 없다

《반야심경》은 "따로 얻을 것이 없다."고 말한다. 우리는 깨달음을 얻으려고 명상하지 않는다. 깨달음이 이미 우리 안에 있기 때문이다. 어딘가로 찾아 헤매지 않아도 된다. 목적이나 목표가 필요 없다. 우리는 어떤 높은 경지에 오르려고 명상하는 것이 아니다. '목적 없음' 안에서, 우리는 아무것도 부족하지 않고, 되고자 하는 바로 이미 되어 있고, 도달하려는 곳에 이미 도달했음을 본다. 지금 이 순간 동산에 떠오르는 해를 보면서, 지붕에 떨어지는 빗소리를 들으면서 우리는 평화롭다. 무엇을 좇아서 달리지 않아도 된다. 매 순간을 충분히 즐길 수 있다. 사람들은 니르바나에 들어가는 것을 말하지만, 이미 우리는 거기에 있다. '목적 없음'과 '니르바나'는 하나다.

이 순간은 너의 시간이다

지금 이 순간은 너의 시간이다. 지금 네가 앉아 있는 자리는 네 자리다. 바로 이 순간, 이 자리에서 너는 깨달을 수 있다. 어느 먼 땅, 특별한 나무 아래에 앉아야 할 필요가 없다. 이렇게 몇 달만 수행하면 끊임없이 새롭고 심오한 기쁨을 맛볼 것이다.

저 하늘의 달처럼

따로 찾지 않아도 다가오는 행복을 경험하기 위해서는 자유로워야 한다. 네가 참으로 자유로운 사람이면, 저 하늘의 달처럼 행복이 너를 감쌀 것이다. 달을 보라. 빈틈없는 자유로 하늘을 여행한다. 그 자유가 아름다움과 행복을 빚어낸다. 나는 자유에 바탕을 두지 않고서는 행복할 수 없다고 확신한다. 네가 자유로운 사람이라면, 행복을 즐거이 누릴 것이다. 하지만 노예라면, 비록 네가 생각의 노예라 할지라도 행복을 맛보기가 무척 어려울 것이다. 관념이나 생각으로부터의 진정한 자유를 네 안에 길러야 하는 이유가 여기에 있다. 관념과 생각을 포기하는 게 쉽진 않겠지만, 놓아 버려라.

시(詩)를 기르는 밭

어느 날 뉴욕에서 만난 불교 학자에게 채소밭에서 하는 마음챙김 수행을 말해 줄 기회가 있었다. 나는 상추, 토마토, 당근 같은 채소를 기르는 게 즐겁고, 그래서 날마다 밭 가꾸기에 상당한 시간을 보낸다고 말해 주었다.

그가 말했다. "채소밭에서 시간을 보내서는 안 됩니다. 더 많은 시간을 시 짓는 데 쓰셔야 해요. 스님의 시는 정말 아름답고 심오합니다. 상추는 아무나 기를 수 있지만, 아무나 스님처럼 좋은 시를 쓸 수 있는 건 아닙니다."

내가 말했다. "상추를 기르지 않으면 나는 시를 쓸 수 없답니다."

생명의 흐름

우리 몸의 세포 하나 또는 우리 마음의 세포 하나를 들여다보면, 그 안에 모든 세대의 조상이 들어 있음을 알게 된다. 우리 조상은 인간만이 아니다. 인간이 출현하기 전에 우리는 다른 종(種)이었다. 나무였고, 풀이었고, 미네랄, 참새, 사슴, 원숭이였고, 단세포 동물이었다. 이 모든 세대의 조상이 우리 몸과 마음의 세포 하나하나에 들어 있다. 시작도 끝도 없이 흐르는 생명의 연장선에 우리가 있는 것이다.

지금, 여기

숨을 들이쉬면서 반복한다. "지금, 지금." 숨을 내쉬면서 반복한다. "여기, 여기." 둘은 다른 말이지만 뜻은 정확하게 일치한다. 나는 여기에 이르렀다. 나는 지금에 이르렀다. 나는 여기에서 편안하다. 나는 지금 편안하다.

이렇게 할 때 우리는 멈추는 연습을 하는 것이다. '멈추기'는 불교 명상 수행의 기본이다. 달리기를 멈춰라. 다툼을 멈춰라. 그리하여 너를 쉬게 하고 치료받게 하고 고요하게 하라.

근심걱정

그렇다, 세상은 극심한 고통으로 차 있다. 하지만 그렇다고 해서 스스로 움츠러들 이유는 없다. 깨어 있는 마음으로 숨 쉬고, 걷고, 앉고, 설거지하고, 남을 돕는 일에 최선을 다하면, 가슴에 평화를 안을 수 있다. 근심걱정은 아무것도 이루지 못한다. 지금보다 스무 배쯤 더 근심하고 걱정해도 그것으로 세상을 바꿀 수 없다. 오히려 근심걱정은 일을 더 고약하게 만들 뿐이다. 상황이 바라는 대로 돌아가지 않아도 우리는 거기서 할 수 있는 만큼 최선을 다할 것이고 여전히 스스로 만족할 수 있다. 숨 쉬고 웃고 매 순간 자기 인생을 깊이 들여다보며 살 줄 모르면, 결코 다른 사람을 도울 수 없다.

좋은 씨앗에 물 주기

좋지 않은 씨앗이 항상 거기에 있다. 또한 자비, 관용, 사랑 같은 좋은 씨앗 역시 반드시 있다. 그것들은 흙 속에 항상 있다. 하지만 비가 내리지 않으면 그것들이 싹틀 수 없다. 좋은 씨앗이 거기 있음을 알고 그 씨앗에 물을 주는 것이 우리의 수행이다. 네 속에 자비의 씨앗이 있음을 안다면, 하루에도 몇 번씩 저절로 물을 주게 될 것이다.

치료하기 어려운 병

우리 몸이 우리 아닌 것들로 이루어졌다는 사실을 알면 더 이상 사느냐 죽느냐에 얽매이거나 겁먹지 않을 것이다. 자아라는 게 있다는 생각이 위험하고 해롭다면, 그런 게 없다는 생각은 더 위험하고 더 해롭다. 자아라는 관념에 매달리는 것은 좋지 않다. 그러나 무아라는 관념에 매달리는 것은 더 좋지 않다. 치료하기가 더 어렵기 때문이다.

아침 식사 연습

아침 식사처럼 날마다 되풀이하는 행위도 효과적인 수행일 수 있다. 그것이 우리 삶을 더 진솔하게 해주는 마음챙김과 집중 에너지를 키운다. 아침 식사를 준비할 때 음식 만드는 행위 자체가 수행일 수 있다. 음식을 준비하는 동안 맑게 깨어서 살아 있음 자체가 주는 행복을 맛볼 수 있다. 아침 식사를 준비하는 일은, 우리가 그것을 어떻게 행하느냐에 따라 평범한 노동일 수도 있고 특별한 선물일 수도 있다. 찬물도, 더운물도, 비누도, 주전자도 쓸 수 있다. 불도, 밀가루도 쓸 수 있다. 모든 것이 우리를 행복하게 하려고 거기 그렇게 있는 것이다.

비어 있음이란?

'비어 있음(空)'은 언제나 무엇의 비어 있음이다. 컵은 물의 비어 있음이다. 대접은 국의 비어 있음이다. 우리는 동떨어진 자아의 비어 있음이다. 우리는 우리 자신만으로는 존재할 수 없는 물건이다. 우주의 모든 것과 서로 안에(inter-be) 있어야만 존재할 수 있다. 온종일 모든 것의 비어 있음을 통찰하는 것이 우리의 수행이다. 어디를 가든지 만나는 모든 것에서 그것의 본성인 비어 있음에 접하라. 테이블, 하늘, 친구, 산, 강, 분노, 행복을 깊이 들여다보고 그것들의 자아가 비어 있음을 통찰하라. 그것들을 깊이 만나면서 존재하는 모든 것이 서로의 안에 있고 서로 의존되어 있음을 보라. 비어 있음은 존재하지 아니함이 아니다. 그것은 함께 의존하여 함께 생겨남, 덧없음, 자아 없음을 의미한다.

미래 관리

미래는 현재로 만들어진다. 그러므로 미래를 관리하는 가장 좋은 방법은 현재 순간을 잘 관리하는 것이다. 이는 논리에 맞고 분명한 사실이다. 미래를 염려하고 앞일을 공상하는 것은 쓸모없는 짓이다. 다만 우리는 현재 순간을 관리함으로써 미래를 관리할 수 있을 뿐이다. 모든 미래가 '현재'라는 한 가지 실체만으로 이루어지기 때문이다. 현재에 닻을 잘 내릴 때 미래를 잘 준비할 수 있다.

붓다로부터 곧장 우리에게로

"숨을 들이쉬면서 내가 숨을 들이쉬고 있음을 안다." 이것은 붓
다로부터 곧장 우리에게로 전해진 수행법이다. 이렇게 할 때
우리는 무엇을 판단하고 흠을 찾고 거절하고 움켜잡고 하지 않
는다. 모든 것에서 자유롭다. 눈앞에서 무슨 일이 일어나든 간
에 그 자유를 한결같이 유지한다. 분노, 좌절, 증오 등을 거부
하거나 배척하는 마음 없이 있는 그대로 본다. 잠시 일었다가
이내 사라지는 감정을 알아차리면, 분노에 사로잡혀 눈이 멀지
않을 것이다. 거기엔 더 이상 이기고 지는 싸움이 없다. 이것이
불교 명상이다.

아름다운 지구

지구는 참 아름답다. 우리도 아름답다. 이 경이로운 어머니 지구를 밟고서 마음을 모아 한 걸음 또 한 걸음 걷는다. 굳이 친구들에게 "평화가 그대에게 있기를!"이라고 말해 줄 필요가 없다. 평화는 이미 그들과 함께 있다. 그들이 매 순간 평화와 더불어 살아가는 습관을 기르도록 도와줄 필요가 있을 뿐이다.

마음이 다른 곳에 가 있을 때

하루하루 살면서 우리는 매 순간 자신을 잃어버린다. 몸은 여기 있지만 마음이 과거와 미래를 헤매거나 분노, 질투, 두려움 따위에 휩쓸려 어디론가 가 있는 것이다. 마음이 몸과 함께 지금 여기에 있지 않으면 우리는 아무 데도 없는 것이다.

진실로 지금 여기에 있으려면 마음을 몸에게로 데려와야 한다. 그리고 몸을 마음에게로 데려와야 한다. 이른바 "몸과 마음의 통일"을 이루어야 한다. 이것은 불교 명상 수행에서 매우 중요한 작업이다. 우리는 몸과 마음이 각각 다른 방향으로 엇나가는 것을 자주 경험한다. 온전히 지금 여기에 있지 않은 것이다. 우리는 몸과 마음이 한자리에서 만나도록 필요한 모든 일을 해야 한다. 불교는 그 방법들 — 마음챙김하며 숨 쉬기 같은 — 을 우리에게 가르친다.

만나고 싶은 사람

'나'는 마음과 몸으로 되어 있다. 겉으로 보이는 모양이 '몸'이고 느낌, 생각, 의도, 의식이 '마음'이다. 이 다섯 가지 요소를 깊이 들여다보면, 그 어떤 영구적이고 절대적인 실체도 보이지 않는다. 모두 무상하다. 다섯 가지 요소들 사이에서 조화가 이루어지는 수행을 하는 사람은 기쁨, 평화, 행복을 맛볼 것이다. 깨어 있는 마음으로 숨 쉬고, 몸에게로 마음을 데려오고, 모든 것을 깊이 들여다보는 연습을 통해 다섯 가지 요소들 사이에 조화와 평화를 회복할 수 있다. 그렇게 함으로써 우리는 주변 사람들이 만나고 싶어 하는 사람, 그들에게 행복을 나눠 줄 수 있는 행복한 사람이 될 것이다.

밥값

자두마을에서는 식사 전에 '다섯 가지 명상'을 한다. 그중 두 번째 명상은 이런 내용이다. "깨어 있는 마음으로 고맙게 공양하여 밥값을 하겠습니다." 나는 사람이 밥값을 가장 잘하는 방법은 깨어 있는 마음으로 먹는 것이라고 생각한다. 한 그릇 음식이 밥상에 오르기까지 우주 전체가 동원되었고, 누군가 그것을 준비하느라 시간과 정성을 들였다. 그 귀한 음식을 흐트러진 마음으로 대충 먹어치운다면 가엾은 일이 아닐 수 없다.

고요한 물

일그러진 거울 앞에 서본 적 있는가? 턱은 길고 눈은 왕방울만
하고 다리는 뭉툭해 보인다. 그런 거울처럼 되지 마라. 높은 산
정의 고요한 호수처럼 되어라. 우리의 뒤틀린 시선 때문에 사
물을 있는 그대로 보지 못하고 고통받는 경우가 너무 많다. 무
엇을 보거나 남의 말을 들을 때 있는 그대로 보지 못하고 제대
로 듣지 못한다. 우리는 대개 자신의 편견을 듣고 스스로 투사
한 영상을 본다.

현실을 있는 그대로 받아들이려면 고요한 물처럼 되어야 한
다. 친구의 말을 듣고 마음이 흔들리거든 일단 아무 말도, 아무
행동도 하지 마라. 스스로 고요해질 때까지 숨을 들이쉬고 내
쉬어라. 그런 다음 친구에게 방금 한 말을 다시 한 번 해달라고
부탁하라. 이것으로 많은 상처를 예방할 수 있을 것이다. 고요
는 이해와 통찰의 바탕이다. 고요는 힘이다.

깊은 대화

자신을 포함하여 앞에 있는 사람과 모든 사물의 본성을 깊이 들여다보는 것이 명상이다. 눈앞에 있는 사람의 본성을 들여다볼 때 우리는 그의 어려움, 갈망, 고통, 불안, 걱정을 아울러 보게 된다. 그때 자리에 앉아 그의 손을 잡고 이렇게 말할 수 있다. "친구여, 내가 너를 제대로 이해하고 있는 건가? 내가 지금 네 안에 있는 고통의 씨앗에 물을 주는가? 아니면 기쁨의 씨앗에 물을 주는가? 어떻게 하면 내가 너를 더 사랑할 수 있을지 제발 말해 주게." 마음 밑바닥에서 진심으로 이렇게 말하면, 그가 울음을 터뜨릴지도 모른다. 그것은 좋은 신호다! 바야흐로 소통의 문이 열린 것이다.

절망으로부터의 자유

자유는 모든 행복의 바탕이다. 자유 없이는 행복도 없다. 절망
으로부터, 원망으로부터, 질투와 두려움으로부터 자유로워야
한다. 좀 더 자유로워지고, 좀 더 견고해지도록 도와주는 수행
이야말로 진정한 수행이다. 내딛는 발걸음마다, 들이쉬고 내
쉬는 숨마다, 앉아 명상하는 모든 순간마다, 설거지하는 그릇
마다. 그것들 모두가 우리를 더 자유롭고 견고해지도록 도와
주려고 거기 그렇게 있는 것이다.

마음챙김

마음챙김하려면 마음에 집중하는 연습을 해야 한다. 자기 안에서 일어나는 모든 생각과 느낌을 빠짐없이 관찰하고 알아차릴 수 있어야 한다. 트엉 찌에우 선사는 말했다. "수행자가 제 마음을 분명하게 알면 적은 노력으로 큰 성과를 거둘 것이다. 그러나 제 마음에 대해 도무지 아는 바가 없으면 아무리 노력해도 허사로 돌아갈 것이다." 네 마음을 스스로 알고자 원한다면 길은 하나뿐이다. 네 마음의 모든 것을 빠짐없이 관찰하고 알아차려라. 이 연습은 정해진 명상 시간뿐만 아니라 하루 종일 끊임없이 이루어져야 한다.

바깥 세계

모든 마음의 대상(object)이 마음 그 자체다.

비어 있음을 명상하기

우리가 소중하게 아끼는 모든 사람은 언젠가는 병들고 죽는다. 평소 비어 있음(空)을 명상하지 않으면 막상 그런 일이 닥칠 때 정신적 공황에 빠질 것이다. 비어 있음을 명상하는 것이야말로 인생사를 있는 그대로 경험하는 좋은 길이다. 하지만그것은 말이나 생각이 아니라 몸으로 체득해야 한다. 우리는몸을 관찰하고, 그것을 이 모양으로 존재하게 하는 온갖 원인과 조건들 — 부모, 조국, 산천, 공기에 후손들까지 — 을 아울러 봄으로써 시간과 공간, 나와 내 것을 넘어 진정한 해방을 맛볼 수 있다. 비어 있음을 철학으로만 연구해서는 결코 해방의문에 들어서지 못할 것이다. 모든 것이 서로 안에 있으면서 서로 연기(緣起)*한다는 진실을 깨칠 때, 모든 것의 비어 있음 속으로 깊이 들어가 그것을 체득할 때, 그때 비어 있음이 우리에게 해방의 문이 된다.

모든 것은 원인과 조건이 상호 관계하여 이뤄진다고 보는 불교의 세계관이다.

어머니

어머니는 우리에게 삶의 가장 중요한 주제인 사랑을 맨 처음 가르쳐 주는 존재다. 어머니가 없었으면 나는 사랑하는 법을 몰랐을 것이다. 고마운 어머니 덕분에 나는 이웃을 사랑할 수 있고, 살아 있는 모든 중생을 사랑할 수 있다. 어머니를 통해서 처음으로 이해와 자비를 알게 되었다. 어머니는 모든 사랑의 바탕이다. 많은 종교들이 이를 알아서, 성모 마리아와 관세음보살 같은 모성(母性)에 깊은 존경과 사랑을 바친다. 젖먹이가 울 낌새만 보여도 어머니는 벌써 요람으로 달려간다. 어머니는 온갖 근심과 불행을 치워 주는 부드럽고 달콤한 영(靈)이다. 입술에서 '어머니'라는 말이 나올 때마다 우리는 벅찬 사랑으로 출렁이는 가슴을 느낀다.

영양 보충

붓다는 우리에게, 고통스러운 감정들을 다루기 전에 행복하고 기쁜 감정들을 만들어 스스로 영양을 보충하라고 권한다. 외과의사가 수술하기 전에 환자 몸이 수술을 감당할 수 있도록 충분한 영양을 공급해 주듯이, 우리는 고통을 다루기 전에 기쁨과 행복의 바탕을 든든히 다져 줄 필요가 있다.

오렌지 명상

시간을 내어 오렌지 명상을 해보자. 오렌지를 먹으면서 슬픔과 근심에 사로잡혀 마음이 다른 데 가 있으면 오렌지를 먹는게 아니다. 하지만 몸과 마음이 함께 있으면 오렌지 하나가 기적인 것을 볼 수 있으리라. 오렌지의 감촉을 느껴 보라. 맛을 음미해 보라. 오렌지 한 알에서 오렌지나무와 오렌지 꽃, 그리고 그것들을 관통한 비와 해를 들여다보라. 이 놀라운 물건을 우리 앞에 가져다 놓는 데 오렌지나무는 몇 달의 세월이 걸렸다. 한 입 물고 깨어 있는 마음으로 거기서 나오는 즙의 맛을 느껴 보라. 그 새콤달콤함을 맛보아라. 이렇게 오렌지를 먹을 시간이 있는가? 만약 오렌지를 먹을 시간이 없다고 생각한다면, 우리는 그 시간을 어디에 쓰고 있는가? 그 시간을 근심걱정에 쓰는가? 아니면 삶에 쓰는가?

정신 현상들

불교 수행을 하면서 우리는 모든 정신 현상들 — 자비, 사랑, 두려움, 슬픔, 절망 등 — 이 본디 유기적인 것임을 본다. 그것들을 겁낼 필요 없다. 다른 것들로 바꿔 놓을 수 있기 때문이다. 본디 유기적인 정신 현상들을 깊이 들여다보는 것만으로 우리는 훨씬 견고하고 고요하며 평화로워질 수 있다. 그냥 한 번 미소 짓고 숨을 알아차리는 것만으로 그것들을 바꿔 놓을 수 있다.

수행의 기쁨

수행은 즐겁고 기뻐야 한다. '기쁨'과 '즐거움'이야말로 명상에서 으뜸으로 중요한 요소다. 명상이 괴롭다면 우리의 수행은 잘못된 것이다. 수행은 그 자체로서 즐거움이며 기쁨이다. 모름지기 수행은 기쁨으로 충만해야 한다.

평화는 전염성

부드럽게 마음을 모아 들숨과 날숨을 껴안을 수 있으면, 그것
들이 오히려 우리의 몸과 마음을 껴안아 준다는 사실을 알게
될 것이다. 명상을 제대로 했다면 이 비밀을 깨쳤으리라. 평화
는 전염성이다. 행복 또한 전염성이다.

주권 회복

몇 분 동안 깨어 있는 마음으로 걸어 보면 스스로 많이 견고해
진 느낌이 들 것이다. 더 이상 과거와 미래가 너를 사로잡아 지
금 여기의 삶 밖으로 끌어내지 못한다. 그렇게 함으로써 우리
는 훨씬 더 우리 자신이 된다. 굳건한 주권자가 되는 것이다.
돌이켜 주권을 회복하는 것이 수행이다. 그럴수록 우리는 더
욱 견고하고 더욱 자유롭다.

단순한 즐거움을 찾아라

어린아이의 손을 잡고 공원을 산책해 보라. 우리가 햇살과 나무와 새 들을 즐기는 동안 아이는 싫증을 낼 것이다. 요즘 아이들은 쉽게 싫증을 낸다. 텔레비전, 비디오 게임, 전쟁놀이, 시끄러운 음악 등 사람을 흥분시키는 것들에 익숙해졌기 때문이다. 사실은 어른들도 그런 것들로 외로움을 달래려 한다. 그 결과 더 많은 고통을 겪는다.

우리 자신과 아이들에게, 언제 어디서나 접할 수 있는 단순한 즐거움을 찾아 맛보는 법을 가르쳐야 한다. 복잡하게 얽혀 있는 현대 사회에서 쉽지 않은 일이겠지만, 살아남으려면 반드시 그렇게 해야 한다. 어린아이와 함께 풀밭에 앉아 풀숲에 숨어 있는 앙증맞은 노란 꽃과 파란 꽃들을 찾아 그 놀라운 기적을 들여다보라. 평화 교육은 이렇게 시작된다.

서로에게 배우기

인류가 조금이라도 진화해 왔다면, 그것은 우리의 가슴에서 가슴으로 흐르는 사랑과 자비 때문일 것이다. 우리는 자비심이 충만한 사람들로부터 다른 존재를 깊이 들여다보는 법을 배워야 한다. 그때 다른 사람들도 우리로부터 현재에 사는 법을 배우고, 존재하는 모든 것의 무상함과 실체 없음을 보게 되리라. 이 깊은 통찰이 인류의 고통을 덜어 줄 것이다.

현실의 잠긴 문을 열어라

무아와 무상에 대한 가르침은 붓다가 현실의 잠긴 문을 여는 열쇠로 우리에게 전한 것이다. 우리는 붓다의 눈으로 보는 법을 배우고 익혀서, 한 물건을 만지는 것이 모든 물건을 만지는 것임을 알아야 한다. 모두가 하나 안에 있고 하나가 모두 안에 있음을 보아야 한다. 존재하는 것의 겉모습만 보지 말고 그것을 존재하게 하는 바탕을 아울러 보아야 한다. 모든 것이 무상하고 실체가 없다. 생겨났다가 사라진다. 하지만 그것들을 깊이 접하면 삶과 죽음, 상(常)과 무상(無常), 자아의 있음과 없음으로부터 자유로운 존재의 바탕에 접하게 된다.

붓다가 머무는 곳

붓다와 보살들이 머무는 곳의 주소는 '지금 여기'다. 그곳이 행복이 사는 곳, 생명이 사는 곳이다. 붓다가 이르셨다. "삶은 오직 현재에서만 가능하다." 온갖 놀라움을 안고 있는 삶은 지금 여기에서만 살 수 있다. 그래서 우리는 현재 순간으로 돌아오는 연습을 한다. 앉기 명상을 할 때 우리는 현재 순간을 사는 것이다. 그 순간 삶을 깊이 접한다. 걷기 명상을 할 때에도 마찬가지다. 발걸음을 옮길 때마다 너의 참된 집으로, 영적 조상들의 집인 현재 순간으로 돌아온다. 생명, 평화, 기쁨, 안녕 이 모두가 현재 순간에 가능한 것들이다.

우리 아이들

우리 아이들 안에 우리가 있다. 우리는 자신을 온전히 그들에게 넘겨주었다. 우리 아들과 딸 들은 우리의 연장(延長)이다. 우리 아들과 딸이 곧 우리다. 그리고 그들이 우리를 먼 미래로 데려갈 것이다. 우리가 이해와 자비로 아이들을 사랑하면 그들도 자신과 후손들을 위해 더 나은 미래를 창조할 것이다.

집중력 기르기

마음을 한곳에 모을 때 삶이 더 깊어지고 우리는 더 큰 기쁨과 안정을 맛본다. 우리는 집중된 마음으로 차를 운전할 수 있다. 집중된 마음으로 당근을 썰고 목욕을 할 수 있다. 모든 일을 이렇게 할 때 우리의 집중력이 자란다. 집중력이 커지면 삶의 비밀을 꿰뚫어 볼 수 있다.

고통 말고 사랑을 먹여라

그 무엇도 먹을 것 없이는 살지 못한다. 고통도 마찬가지다. 어떤 짐승도 식물도 먹지 않고는 살 수 없다. 우리의 사랑도 먹이를 주지 않거나 잘못된 먹이를 주면 죽는다. 아주 잠깐 사이에 사랑이 미움으로 바뀔 수 있다. 고통도 절망도 살아남으려면 먹이가 있어야 한다. 그것들이 우리한테서 떠나지 않는 것은 우리가 날마다 먹이를 주기 때문이다. 우리는 무엇이 고통을 먹여 살리는지, 그 먹이의 근원을 깊이 들여다보아야 한다.

과거의 모습들

어렸을 때 학대받은 경험이 있는 사람은, 듣고 보는 거의 모든
것에서 과거 학대받던 자기 모습을 떠올린다. 이렇게 지난날
의 자기 모습에 계속 붙잡혀 있으면 두려움, 분노, 절망의 감정
이 솟구치기 마련이다. 우리는 그것을 '바람직하지 않은 눈길'
이라고 부른다. 그것이 우리를 지금 여기에서 오래전 학대받
던 장소로 데려가기 때문이다. 우리 눈길이 지난날 자기 모습
이 보이는 곳으로 끌려갈 때마다 속에서 솟는 자신의 슬픔, 두
려움, 아픔을 다룰 줄 아는 것이 매우 중요하다.

고통이 느껴질 때 숨을 들이쉬고 내쉬면서 "내 안에 고통이 있
음을 나는 안다."라고 말하는 것이 수행이다. 속에 뭉쳐 있는
응어리를 알아보고 그것을 껴안아 주는 것이다. 마음챙김에서
오는 에너지로 우리는 자신의 오래된 고통이 다만 하나의 기억
일 뿐 현실이 아님을 알아차릴 수 있다. 아울러 자신의 삶이 온
갖 경이로움을 안고 지금 여기에서 펼쳐지고 있으며, 현재 순
간을 행복하게 사는 것이 얼마든지 가능한 것임을 알게 된다.
그때 우리는 모든 것을 완전히 바꿔 놓을 수 있다.

나는 생각한다, 그러므로…

데카르트는 말했다. "나는 생각한다, 그러므로 나는 존재한다." 붓다의 가르침에 비추어 보면 이렇게 말할 수 있다. "나는 생각한다, 그러므로 나는 지금 여기에 존재하지 않는다." 너는 생각 속에서 너 자신을 잃어버렸다. 그래서 지금 여기에 없다. 지금 여기에 참으로 존재하려면 생각을 멈추어야 한다. 마음 챙김하며 숨 쉬는 법을 연습할 때 우리는 눈길을 오로지 숨에 두고 과거, 미래, 지난날의 아픈 경험, 내일의 계획 따위를 생각하지 않는다. 그렇게 몸과 마음이 하나가 되어 지금 여기에 온전히 현존한다.

시간을 잘 써야 하는 이유

우리는 아무쪼록 시간을 잘 써야 한다. 시간이 돈이라서가 아니다. 돈보다 훨씬 값진 것이기 때문이다. 그것은 삶이다. 하루는 24시간이다. 그 시간을 어떻게 쓸 것인지 알고 있는가? 너의 하루를 어떻게 쓸 것인지, 과연 너는 알고 있는가? 너에게 주어진 하루 24시간을 백 퍼센트 활용하는 법을 너 스스로 찾아야 한다. 너는 그럴 수 있다.

당장 시작하라

반전운동, 사회정의 실현 등 세상엔 할 일이 참 많다. 하지만 우리가 무엇보다 먼저 해야 할 일은 자기 영토로 돌아와 평화와 조화로 그곳을 다스리는 것이다. 이 일을 하기 전에는 세상에 어떤 이바지도 할 수 없다. 당장 시작하자.

나는 모두에게, 자기한테로 돌아와 깊은 곳에 상처받은 영혼으로 숨어 있는 어린아이를 돌봐 주라고 권하는 바이다. 그제야 우리는 고요해져서 비로소 이해심 깊고 자애로운 사람으로 바뀔 것이다. 그러면 환경도 따라서 바뀌기 시작할 것이다. 우리의 존재만으로도 다른 사람들이 혜택을 입을 것이고, 그렇게 우리의 영향력이 사람들에게 미칠 것이다.

우리가 상처받을 때

상처받을 때 우리는 두 가지 방식으로 생각할 수 있다. 화가 나서 앙갚음하기로 생각할 수 있고, 스스로 고요해져서 자비심과 너그러운 마음을 일깨워 평화로운 자신을 되찾기로 생각할 수도 있다. 이 나중 생각이 우리를 도와 상대방도 힘들다는 진실을 보게 해준다. 그렇게 하면 분노 또한 시들 것이다.

그릇된 견해

대개 사람들은 실제를 여러 조각으로 쪼개 놓는다. 그래서 모든 것이 서로 의존되어 있음을 보지 못한다. 실제에 대한 우리의 안목을 좁게 만드는 거대한 장벽들, 불교에서 '그릇된 자기관(view of the self)에 대한 집착'이라 부르는 장벽들을 무너뜨리는 방법은 하나에서 모두를, 모두에서 하나를 보는 것이다.

그릇된 자기관에 대한 집착은 불멸하는 무엇이 자기 안에 있다는 착각에서 나온다. 이 착각에서 깨어나는 것이 온갖 두려움, 아픔, 걱정, 불안에서 해방되는 길이다.

모두 함께 웃다

우리가 웃을 때마다 조상들과 후손들과 미래 세대들 — 우리 안에 있는 모든 이들 — 이 함께 웃는다. 우리는 우리 자신뿐만 아니라 모두를 위해, 끊임없이 이어지는 생명의 흐름을 위해 수행한다.

몸으로 돌아와서

숨 알아차리기는 우리 마음을 숨으로 돌아오게 하고 마침내 온 몸으로 돌아오게 한다. 그렇게 우리는 몸으로 돌아와서 몸과 화해한다. 우리 몸에 무슨 일이 일어나고 있는지, 무엇이 잘못되었는지, 어떤 문제가 있는지 알게 된다. 몸의 건강을 위해 무엇을 하고 무엇을 하지 말아야 하는지 알게 된다. 깨어 있는 마음으로 숨 쉬면서 우리는 몸이 우리 집인 것을 알게 된다. 그리하여 이렇게 말한다.

숨을 들이쉬면서 내 몸을 알아차린다.
숨을 내쉬면서 내 몸에 웃어 준다.

가까이 지낼 사람

'깨어남'에 대한 가르침을 처음 들을 때에는 뭔가 낯설다는 생각을 하게 된다. 하지만 우리는 이미 깨어남의 씨앗을 품고 있다. 스승과 도반들은 우리로 하여금 그 씨앗을 건드려 싹을 틔울 기회를 마련해 줄 따름이다.

우리의 깊은 중심에는 처음부터 건강하고 온전한 씨앗이 많이 들어 있다. 스승과 도반들의 도움을 받아 자기 속으로 들어가서 그 씨앗들을 건드릴 수 있다. 스승과 수행 공동체를 가까이 하는 것이야말로 우리 안의 좋은 씨앗들이 싹을 틔워 자라는 데 더없이 좋은 조건을 마련해 주는 것이다.

참된 말씀

참된 말씀은 사람들로 하여금 자신이 처한 상황을 깊이 들여다보고 어둠의 고통에서 벗어나도록 도와주는 밝은 등불과 같다. 스승의 가르침이 제자의 우려와 고통에 가서 닿을 때, 그 가르침은 제자의 마음속에 있는 온갖 장애와 어려움을 녹여 준다. 누군가의 말씀을 들을 때 그 말씀이 참된 가르침을 전하고 네가 처한 실제 상황에 충실히 닿아 있으면, 그가 네 중심을 꿰뚫어 보고 오직 너 한 사람한테 말하고 있다는 느낌이 들 것이다. 많은 사람이 이런 느낌을 공유하게 되는 말씀이 참된 말씀이다.

생각에 빠져 길을 잃다

우리는 자주 생각에 빠져 길을 잃는다. 지난날에 대한 후회, 앞날에 대한 두려움에 빠져 자기를 놓친다. 증오, 분노, 근심걱정에 빠져 정신을 못 차린다. 그럴 때 우리는 지금 여기에서 자기자신으로 살아갈 수 없다.

수행은 우리로 하여금 자유로워질 수 있도록, 온갖 장애를 벗어나 지금 이 순간에 든든히 설 수 있도록 도와준다. 지금 여기에서 온전하게 살아가는 방법을 제공한다.

죽음이 두렵지 않은 사람

태어남과 죽음이 없는 경계로 들어간 사람이 보살이다. 그에게는 두려움이 없고 낮과 밤이 없다. 스스로 자유롭기 때문에 고통받는 사람을 도와줄 수 있다. 우리는 고통과 번민으로 어지러운 세상에 존재함으로써만 붓다가 될 수 있다. 우리가 자유로울 때, 태어남과 죽음의 물결을 겁 없이 타면서 고통의 바다에 빠진 사람을 도울 수 있다.

격한 감정이 일어날 때

격한 감정으로 마음이 흔들릴 때 우리는 평화로운 들숨과 날숨으로 돌아갈 기회를 얻는다. 격한 감정이 일어날 때, 그것에 휘둘려 더욱 격해지는 대신 그것을 있는 그대로 받아들인다. 그것이 우리의 한 부분임을 알기에 우리는 그것과 싸우고 싶지 않다. 분노, 질투, 짜증도 모두 우리의 부분들이다. 그것들이 일어날 때 들숨과 날숨으로 돌아가서 그것들을 잠재울 수 있다. 평화로운 숨이 격한 감정을 잠재워 줄 것이다.

할 일 없는 그런 사람

우리 사회는 사람이 아무 일도 하지 않는 것을 좋지 않은 것으로, 심지어 악한 것으로 보는 경향이 있다. 하지만 자기 행위에 몰입해 자신을 잃어버릴 때, 우리는 오히려 삶의 질을 떨어뜨리게 된다. 언제 어디서나 자기를 돌보고 생기와 유머, 기쁨과 자비심을 유지하는 것이 중요하다. 불교는 목적 없는 삶을 장려한다. 실제로 불교 전통에서 이상적인 인물로 여기는 아라한*이나 보살은 일 없는 사람, 딱히 갈 곳도 없고 할 일도 없는 그런 사람이다. 모름지기 우리는 아무 일도 일삼아 하지 않으면서 그냥 거기에 있는 법을 배워야 한다.

번뇌에서 완전히 벗어난 성자를 일컫는다. 아라한은 윤회하지 않는다.

모든 행동이 수행

영적 수행은 그저 앉아서 명상하는 것만이 아니다. 보고 듣고 생각하고 만지고 먹고 마시고 걷는 모든 것이 수행이다. 모든 동작, 모든 숨, 모든 걸음이 수행일 수 있다. 그것이 우리가 우리 자신이 되는 데 도움을 줄 것이다.

가장 큰 장애

지식이 진실의 '그러함(suchness)'에 접근하는 것을 가로막는 가장 큰 장애물인 경우가 종종 있다. 자기 견해를 놓아 버리는 법을 배우는 일이 그래서 중요하다. 지식이 지식에 이르는 길의 장애물이다. 생각이 도그마로 굳어지면, 새로운 깨달음을 얻고 세계에 관한 새로운 이론과 이해를 받아들이기가 무척 어렵다.

서두르는 버릇

장을 보거나 음식을 만들 때 서두르는 버릇이 있다고 생각해 보자. 마음챙김하며 관찰해 보면, 일을 빨리 마치려고 종종걸음을 치거나 접시를 깨뜨리는 네 모습이 보일 것이다. 그때 너는 일을 서두르는 에너지가 자신을 그런 모양으로 드러내고 있음을 깨닫는다. 그래서 마음을 모아 숨을 들이쉬고 내쉬며 "서두르는 버릇아, 또 나타났구나!" 하고 말한다. 그렇게 알아차리는 순간 그것은 힘을 잃게 될 것이다.

서두르는 버릇이 돌아오면 다시 그렇게 숨 쉬며 말한다. 그것이 힘을 잃고 사라질 때까지 계속한다. 버릇 에너지와 맞서 싸울 필요는 없다. 그냥 알아차리고 빙그레 웃어 주면 된다. 네가 알아차릴 때마다 그것은 힘을 잃고, 마침내 더 이상 너를 지배할 수 없게 될 것이다.

너의 인식들을 깊이 들여다보라

대체로 우리의 인식은 정확하지 않다. 그런데도 그것을 너무 확신하는 바람에 고통을 겪는다. 너의 인식들을 들여다보아라. 그리고 그것들을 향해 웃어 주어라. 깨어 있는 마음으로 숨을 쉬며 그것들의 본질을 깊이 들여다보면, 그 안에 많은 오류가 있음이 보일 것이다. 예를 들어 네가 아는 어떤 사람이 실제로 너를 해칠 마음이 조금도 없는데, 너는 그가 너를 해치려 한다고 생각한다. 그릇된 자기 인식의 희생물이 되지 않는 것이 중요하다. 그릇된 자기 인식의 희생물이 되면 많은 고통을 받게 될 것이다. 자리에 가만 앉아서 자신의 인식들을 고요히 들여다보아라. 그것들의 오류를 밝혀내려면 그 속을 깊이 들여다보아야 한다.

쉽게, 즐겁게

마음챙김 수행은 즐겁게 해야 한다. 힘들여 노력할 무엇이 아니다. 숨을 쉬기 위해 따로 노력해야 하는가? 아니다, 우리는 숨을 쉬기 위해서 아무런 노력도 하지 않는다. 그냥 숨을 쉰다. 지금 우리가 사람들과 함께 황혼의 지는 해를 바라본다고 상상해 보라. 일몰을 감상하기 위해서 무슨 노력을 해야 하는가? 아니다, 아무런 노력도 필요하지 않다. 그냥 즐기면 된다.

마음챙김하며 숨 쉬는 것도 마찬가지다. 쉬어지는 대로 숨을 쉬면서, 그것을 알아차리고 즐겨라. 쉽게, 즐겁게. 마음을 모아 한 걸음씩 내딛는 걷기 명상도 마찬가지다. 발걸음 하나하나 즐겁게 옮겨라. 모든 걸음걸음이 우리와 우리 안팎에 있는 온갖 생명의 경이로움에 닿을 수 있도록 돕고 있다. 모든 발걸음이 그대로 평화다. 모든 발걸음이 그대로 기쁨이다. 그렇게 할 수 있다.

선과 악

악(惡)에 맞서 싸우는 선(善)의 전쟁터로 너를 들여보내지 마라. 선과 악, 둘 다 네 안에 있는 것이다. 악이 선으로 바뀔 수 있고, 선도 악으로 바뀔 수 있다.

폭풍 속의 나무

폭풍 속에 서 있는 나무 한 그루를 그려 보라. 나무 꼭대기의 작은 가지들과 잎들이 바람에 마구 흔들린다. 언제 부러질지 알 수 없을 만큼 여리고 약해 보인다. 하지만 밑기둥을 보면 나무가 든든하게 서 있는 것이 보이고, 더 내려가서 뿌리를 볼 수 있으면 대지에 깊숙이 박혀 요지부동인 나무를 보게 되리라. 나무는 충분히 강하여 폭풍을 능히 견딜 수 있다.

우리도 일종의 나무다. 우리의 기둥, 우리의 중심은 배꼽 아래에 있다. 생각과 느낌이 있는 곳은 머리와 가슴이다. 절망, 두려움, 분노, 질투 같은 격한 감정이 휘몰아칠 때는 쉽게 흔들리는 머리와 가슴을 떠나 배꼽 아래로 내려가 들숨과 날숨에 마음을 모아야 한다. 마음이 계속 상체에 머물러 있으면 위험할 수 있다. 밑기둥으로 내려가서 숨을 들이쉬고 내쉬며 아랫배가 오르내리는 모양을 지켜보라. 그렇게 함으로써 자신의 격한 감정에 휘둘리지 않을 수 있다.

너 자신에게로 돌아오라

많은 사람이 자신에게로 돌아오기를 겁낸다. 자기 안에 있는 고통을 대면하게 되기 때문이다. 마음챙김 수행을 하면 달라진다. 자기 안에 있는 고통을 대면하게 되더라도, 마음챙김 수행에서 얻은 에너지로 그것들을 넉넉히 껴안아 줄 수 있다.

이는 매우 중요하다. 네가 너 자신을 돌봐 주지 못한다면 어떻게 남을 돌볼 수 있겠는가? 너 자신을 사랑하지 못하는데 어떻게 네가 사랑하는 사람을 돌봐 줄 수 있겠는가? 네가 너를 위해서 여기 있을 때, 네 안에 기본 질서와 평화가 살아 있을 때, 그때 비로소 사랑하는 사람을 돌볼 수 있다. 상대는 너의 아들, 딸, 아내, 남편, 친구 들일 수 있다. 하지만 네가 너를 위해 여기 있지 못하면, 그들을 위해 여기 있는 것도 불가능하다. 이것이 네가 너한테로 돌아와야 하는 이유다.

치유 주문

우리 몸과 마음은 우주에 의해 지탱된다. 하늘의 구름이, 햇빛이 우리를 먹여 살린다. 우주가 우리에게 매 순간 생기와 사랑을 준다. 사실이 이런데도 자기가 세계로부터 단절되어 동떨어졌다고 생각하는 사람들이 있다. 너는 보살로서 그들에게 다가가 다음과 같은 치유 주문(呪文)으로 그들이 온 세계에 충만한 사랑을 향해 가슴을 열도록 도와줄 수 있다. "사랑하는 사람아, 네가 많이 괴롭다는 걸 알고 있다. 그래서 여기 너를 위해 나무가 있고 꽃이 있는 것처럼, 너를 위해서 내가 여기 있다." 저기에 고통이 있다. 하지만 거기 있는 것이 고통만은 아니다. 생명의 기적도 함께 있다. 그들이 이 사실을 깨닫고 가슴을 활짝 열도록 이 치유 주문으로 도와줄 수 있다.

행복과 평화를 앗아 가는 것

일상생활에서 우리의 행복과 평화를 앗아 가는 것은 태어남과 죽음에 대한 우리의 관념이다. 그리고 이 관념으로 말미암아 생기는 두려움을 해소시켜 주는 것이 명상이다. 명상을 통해 깊이 들여다보면 실제의 중심을 꿰뚫어 볼 수 있다. 모든 것이 모든 것에 서로 내재하는 사물의 본성을 보면 태어남도 죽음도 없는 실제의 참모습이 보인다.

글로벌한 생각

'궁극의 차원'에 이르는 것이 불가능한 일이라고 느껴질 수 있다. 그러나 그렇지 않다. 우리는 이미 그곳에 접해 있다. 다만 어떻게 더 자주, 더 깊게 접하느냐가 문제다. 예컨대 우리가 흔히 말하는 '글로벌한 생각'이라는 것이 궁극의 차원으로 통하는 문을 열어 준다. 세상을 글로벌한 눈으로 볼 때 우리는 훨씬 더 지혜로워지고 훨씬 더 편안해진다. 자지레한 상황들에 구속당하지 않는다. 글로벌한 눈으로 세상을 보면 많은 잘못을 피하게 되고 행복한 인생에 대한 더욱 깊은 견해를 지니게 된다.

화해시키기

화해란 가족, 사회, 국가의 구성원들 사이에 평화와 행복을 회복시켜 주는 것이다. 화해를 시키려면 대치하는 두 진영의 어느 한쪽에 서는 일을 피하여, 둘을 함께 이해할 수 있어야 한다. 이 일에는 용기가 필요하다. 자칫하면 우리가 도와주려던 사람들에게 핍박을 받거나 심하면 죽임을 당할 수도 있다. 우리는 둘의 말을 잘 듣고 양쪽에 상대방의 고통을 전해 주어야 한다. 그래야 서로를 더 잘 이해할 수 있다. 우리가 사는 이 세상은 서로 다른 종교와 인종과 문화를 지닌 사람들 사이에서 생겨나는 온갖 오해의 깊은 골을 이어 줄 다리와 같은 보살들을 필요로 한다.

그들 또한 고통스럽다

고통을 받을 때, 보통 우리는 자기만 고통스럽고 상대는 행복하다고 생각한다. 그러나 사실은 우리를 괴롭히는 사람도 고통을 겪는다. 그들 또한 자신의 격한 감정을 어떻게 다스려야 하는지 방법을 모른다. 이때 맑은 정신으로 호흡하면 마음챙김 에너지를 키워 낼 수 있고, 우리의 고통과 다른 사람의 고통을 어떻게 자비심으로 다룰 것인지 그 방법을 찾을 수 있다.

지금 이 순간 충분히 행복하다

지금 이 순간 나는 충분히 행복하다. 다른 그 무엇도 바라지 않는다. 지금보다 더 행복하기 위해 어떤 조건이 갖추어지기를 기대하지 않는다.

기적 성취하기

임제 선사가 말했다. 기적은 숯불이나 허공, 물 위를 걷는 게
아니라 땅 위를 걷는 것이라고. 우리는 숨을 쉬면서 스스로 살
아 있음을 알아차린다. 우리는 살아서 이 아름다운 지구별 위
를 걷고 있다. 그렇게 기적을 일으키고 있다.

자기도 돌보지 못하면서

마음을 모아 숨 쉬는 연습을 통해 우리는 자신의 몸, 감정, 생각과 진정한 친구가 된다. 자기 자신과 진정한 친구가 될 때 비로소 세상에 몇 가지 변화를 일으킬 수 있다. 멀어진 가족이나 자기를 해친 사람들과 화해하고자 한다면, 먼저 자기 자신을 잘 돌봐야 한다. 자기가 하는 말도 귀 기울여 듣지 못하면서 어떻게 남들이 하는 말을 들을 수 있겠는가? 자기의 고통을 알아주지 못하면서 어떻게 남들하고 평화롭게 지낼 수 있겠는가?

잃을 것도 얻을 것도 없는

일상의 덧없음﹝無常﹞을 꿰뚫어 볼 수 있어야 한다. 그러면 덜 아프게 살면서 인생을 더 깊이, 더 많이 즐길 수 있을 것이다. 깊게 살면 우리는 현실의 바탕인 니르바나, 태어나지도 죽지도 않는 세계를 접하게 된다. 덧없음에 깊이 접하면서 우리는 영원과 덧없음을 넘어선 세계에 가 닿는다. 존재의 바탕에 접하면서 '있음'과 '없음'이 모두 관념일 뿐임을 본다. 아무것도 잃을 것이 없고 아무것도 얻을 것이 없다.

아주 쉬운 일

몇 초 동안 깨어 있는 마음으로 숨 쉬는 것만으로도 몸과 마음을 하나로 돌아오게끔 할 수 있다. 아주 쉬운 일이다. 어린아이도 할 수 있다. 들숨과 날숨에 마음을 모은다. 다른 그 무엇도 생각하지 않는다. 과거도 미래도 근심도 분노도 절망도 더 이상 없다. 오직 하나, 너의 들숨과 날숨이 있을 뿐이다. 그렇게 앉은 자리에서 20분만 숨 쉬기를 즐겨라. 숨 알아차리기를 즐기는 것 말고는 다른 어떤 일도 하지 마라.

네 눈앞에 있는 아름다움

지는 해를 바라보며 자연의 아름다움에 접할 때 깨어 있는 마음으로 숨을 쉬어 보라. 그러면서 네 앞에 있는 아름다움을 깊이 만나라. 나는 지금 숨을 들이쉰다. 행복하다! 나는 지금 숨을 내쉰다. 아름답다! 이렇게 몇 분 동안 계속해 보라.

자연의 아름다움에 깊이 접할수록 그만큼 삶은 더 아름다워지고 구체적이 된다. 마음을 모으고 집중할수록 지는 해가 황홀한 모습을 보여 준다. 10초, 20초 만에 우리의 행복이 배가된다. 깨어 있는 마음으로 나뭇잎이나 꽃을 바라보라. 새소리에 귀 기울여 보라. 그것들과 훨씬 쉽게 만날 것이다. 이렇게 연습하다 보면 기쁨은 커지고 숨은 깊고 부드러워진다. 그리고 그 영향이 온몸에 미칠 것이다.

비폭력 연습

불교 수행의 바탕은 비폭력과 '둘이 아님'에 있다. 네 숨을 상대로 싸울 것 없다. 네 몸이나 마음속에 있는 증오와 분노하고도 싸울 필요 없다. 그냥 꽃 한 송이를 바라보듯이, 들숨과 날숨을 부드럽게 비폭력적으로 바라보라. 그러다 보면 몸 전체를 그렇게 대할 수 있을 것이다. 부드럽게, 존중하면서, 따스하게, 비폭력으로 네 몸을 대하라. 네 안의 고통을 그렇게 대할 수 있게 되면, 아프고 낙심할 때나 화가 잔뜩 날 때에도 같은 방식으로 그것들을 대할 수 있게 될 것이다.

공짜 선물

깨어 있는 마음으로 숨 쉬는 일과 다정한 웃음이 너와 네 주변 사람들에게 행복을 안겨 줄 것이다. 그들에게 아무리 비싼 선물을 사주어도, 그것이 너의 깨어 있음과 거기에서 나오는 다정한 웃음이 주는 것보다 더 큰 행복을 그들에게 안겨 주지 못한다. 게다가 이러한 값진 선물을 전하는 데는 돈 한 푼 들지 않는다.

어머니와 나

우리는 자라면서 어머니와 자기는 다른 사람이라고 생각한다. 그러나 진실은 그렇지 않다. 우리는 어머니의 연장(extensions, 延長)이다. 우리는 자신이 어머니와 다른 존재인 줄 잘못 알고 있다. 우리는 어머니, 아버지의 연속(continuation, 連續)이며, 우리 조상들의 연속이다.

밭에 심은 콩 한 알을 생각해 보자. 1주일 지나면 싹이 트고 줄기가 자란다. 줄기가 자라고 잎이 나오면 더 이상 콩알은 보이지 않는다. 그러나 그것이 죽어 없어진 것은 아니다. 깊이 들여다보면 줄기에서 콩알을 볼 수 있다. 콩알과 줄기는 서로 다른 두 실체가 아니다. 이것은 저것의 연장이다. 콩알은 줄기의 과거 쪽 연장이고, 줄기는 콩알의 미래 쪽 연장이다. 그것들은 서로 다른 둘도 아니고, 서로 같은 하나도 아니다. 나와 나의 어머니는 같은 한 사람이 아니다. 그렇다고 서로 다른 두 사람도 아니다. 이는 매우 중요한 가르침이다. 누구도 혼자서는 존재할 수 없다. 우리는 모든 사람과 서로 안에 있어야 하는 존재들이다.

모양을 이룸

조건들이 충분히 갖추어질 때 무언가 나타난다. 이를 가리켜 '모양을 이룸'이라고 부른다. 한 송이 꽃도 모양을 이룸이고, 구름도 해도 모양을 이룸이다. 나도 모양을 이룸이고, 너도 모양을 이룸이다.

주먹에서 힘을 빼기

자유롭지 않고서는 행복을 누릴 수 없다. 온갖 야망의 무거운 짐을 진 상태로는 누구도 자유로울 수 없다. 우리는 언제나 무엇인가를 움켜잡고 있다. 하고 싶은 일들이 너무 많다. 우리가 자기 인생을 제대로 살지 못하는 이유가 여기에 있다. 스스로 지고 있는 짐이 행복을 위해서 반드시 갖추어야 하는 것이라고, 그것을 잃거나 빼앗기면 무척 괴로울 것이라고 생각하는 것이다.

하지만 좀 더 깊이 그리고 자세하게 들여다보면 우리가 움켜잡고 있는 것들, 우리를 그토록 분주하게 만드는 것들이 행복한 삶에 오히려 방해가 된다는 사실이 보일 것이다. 그리고 그것들을 놓아 버림으로써 미망에서 깨어나 자유롭게 되어 사랑과 자비를 실천하는 것이 곧 참된 행복임을 알게 될 것이다.

네 가슴이 꽃피게 하라

봄이면 온갖 꽃들이 피어난다. 네 가슴도 꽃을 피울 수 있다.
세상을 향해 네 가슴을 활짝 열어 놓아라. 누구에게나 사랑은
가능한 것, 그러니 사랑을 겁내지 마라. 살아 있는 사람에게 사
랑은 없어서는 안 되는 것이다. 지난날 사랑으로 인해 괴로웠
다면, 그 경험에서 사랑하는 법을 다시 배워라.

행복 훈련

행복한 삶을 위해서는 조금씩 조금씩 자신을 훈련해야 한다. 몇 년 동안 노력한 끝에 대학에서 학위를 받으면 행복해질까? 그렇지 않다. 학위를 받아 원하는 직장에서 일하게 되었다 해도 계속 괴로울 것이다. 행복은 네가 걸어가는 길의 끝에서 찾을 수 있는 무엇이 아님을 깨달아야 한다. 행복이 바로 지금 여기에 있음을 알아야 한다.

상호 의존하는 세계

모든 현상을 깊이 들여다보라. 그리하여 표면을 뚫고 들어가 그들의 본성에 닿아라. 그들이 위대한 실체의 한 부분임을 보라. 위대한 실체는 분리될 수 없는 것임을 깨우쳐라. 이것이 상호의존성을 숙고하는 것이다. 어떤 사물도 서로 분리되어 존재할 수 있는 파편 조각이 아니다.

마음챙김 에너지

마음챙김 에너지는 우리가 길러 낼 수 있는 구체적인 무엇이다. 마음을 모아 걸을 때 견고하고 평화로운 발걸음이 마음챙김 에너지를 길러 내 우리를 현재 순간으로 데려온다. 앉아서 들숨과 날숨에 마음을 모을 때도 우리는 마음챙김 에너지를 길러 낸다.

마음을 모아 음식을 먹을 때, 우리는 지금 먹고 있는 음식과 그것을 함께 먹는 사람들에 대해 깨어 있다. 우리는 걸으면서, 숨 쉬면서, 일하면서, 설거지하면서, 빨래하면서 줄곧 마음챙김 에너지를 길러 낼 수 있다. 이렇게 며칠만 연습해도 우리 안에 마음챙김 에너지가 크게 자라서 우리를 돕고 지켜 줄 것이다. 자기 자신에게로 돌아가서 우리 안에 있는 모든 것을 껴안을 수 있게 해줄 것이다.

통찰의 힘

마음챙김은 집중을 가져다주고, 집중은 통찰을 가져다준다. 통찰은 무지, 분노, 탐욕으로부터 우리를 해방시킨다. 자신의 불행과 곤경에서 자유로워질 때 행복이 가능해진다. 분노와 무지와 탐욕이라는 무거운 짐을 지고 허덕이면서 어떻게 행복할 수 있겠는가? 통찰이 행복의 열쇠인 까닭은 모든 불행과 곤경으로부터 우리를 해방시켜 주기 때문이다.

우리는 광활하다

우리는 자기 몸을 자기로 아는 버릇이 있다. 내 몸이 곧 나라는 생각이 우리 안에 깊숙이 배어 있다. 하지만 우리는 그저 우리 몸이기만 한 것이 아니라 그 이상이다. "이 몸이 나고, 나는 이 몸이다."라는 생각은 반드시 지워 버려야 할 생각이다. 그렇지 않으면 많은 고통을 받게 될 것이다. 우리는 '생명'이다. 생명은 몸보다, 개념보다, 마음보다 훨씬 크고 넓다.

우는 아이

엄마가 거실에서 일하고 있는데 안방에서 아기 울음소리가 들린다고 생각해 보자. 엄마는 하던 일을 멈추고 안방으로 달려가 아기를 들어 올려 부드럽게 안는다. 분노의 에너지가 속에서 치밀어 오를 때 우리 역시 그렇게 할 수 있다. 내 속의 분노는 울고 있는 내 아기다. 부드럽게 껴안아서 울음을 그치게 해야 한다.

수행자는 자기 안의 분노가 자신의 적이 아님을 안다. 분노는 그의 아픈 아이다. 마음챙김 에너지를 이용해 가장 부드러운 품으로 안아 주어야 한다. 그리고 이렇게 말해 주어야 한다. "숨을 들이쉬면서 내 안에 네가 있음을 안다. 숨을 내쉬면서 내가 너를 안아 준다."

내면의 갈등

욕망을 상대로 싸울 필요 없다. 네 안에서 전쟁을 일으킬 필요 없다. 마음챙김은 욕망 같은 것들을 부드럽게 안아 주면서 그 것들이 거기 있음을 알아주는 것이다. 명상, 특히 불교의 명상 은 이것과 저것이 서로 다투는 네 안의 전쟁터로 너를 돌려보 내는 일이 아니다. '둘이 아님'에 바탕을 두기 때문이다. 술을 마시거나 화를 내는 버릇 또한 너다. 그러니 그것들을 비폭력 으로 부드럽게 대해야 한다. 중요한 점은 네 안에서 갈등이나 싸움을 일으키지 않는 것이다.

접시를 닦는 기쁨

깨어 있는 마음으로 한 걸음 떼어 놓을 때마다 우리는 깨달음 속으로 들어간다. 우리는 스스로 한 걸음 내딛고 있음을 깨달을 수 있다. 걸음마다 그 안에 아름다움이 있다. 접시를 닦는 것도 깨달음으로 가는 동작일 수 있다. 깨어 있는 마음으로 접시를 닦는 큰 기쁨이여!

느낌의 강물

느낌들은 생겨나서 모양을 갖추고 잠시 머물다가 이내 사라진
다. 우리 몸이 그렇듯이 느낌도 순간순간 태어나고 죽는다. 명
상 속에서 우리는 그렇게 흘러가는 느낌의 강물에 마음을 모은
다. 그것들이 문득 일어나고 잠시 머물다가 이내 사라지는 것
을 바라본다. 무상함을 본다. 불쾌한 느낌이 들 때면 자기 자신
에게 말해 준다. "이 느낌이 지금 내 안에 있지만 잠시 머물다
가 곧 사라질 것이다. 원래 무상한 것이니까." 이렇게 느낌의
무상함을 알아보기만 해도 훨씬 덜 괴로울 것이다.

틈새

너는 네가 '누구'라는 '생각'을 지니고 있다. 그런데 너는 과연 너의 바탕에 닿아 있는가? 실제에 대한 네 생각과 실제 사이의 틈새를 극복하려면 깊이 들여다보아야 한다. 명상이 생각들을 없애는 데 도움이 될 것이다.

고결한 진리

붓다는 우리에게 첫 번째 고결한 진리인 '고통'을 보되, 두 번째 고결한 진리인 '고통의 원인'을 발견하기 위해 깊이 들여다보라고 말씀하셨다. 그것이 고통을 행복으로 바꾸는 길인 네 번째 고결한 진리를 실천하는 유일한 방법이다. 그러니 우리는 고통의 역할을 인정하고 적극적으로 받아들여야 한다. 고통을 두려워만 하면 아무런 기회도 찾아오지 않는다.

마을의 종소리

내가 어린 스님이었을 때, 베트남에는 마을 사원마다 유럽과 미국의 성당들처럼 큰 종이 있었다. 종이 울리면 마을 사람들은 하던 일을 멈추고 잠시 마음을 모아 숨을 들이쉬고 내쉬었다. 지금 내가 머무는 프랑스 자두마을에서도 그렇게 하고 있다. 종소리가 들리면 우리는 저마다 자기 자신에게로 돌아가 들숨과 날숨을 즐긴다. 숨을 들이쉬면서 가만히 말한다. "들어라, 들어라." 숨을 내쉬면서 속삭인다. "저 놀라운 종소리가 나를 집으로 데려가는구나."

행복에 대한 생각

우리를 괴롭히는 것들을 놓을 줄 알아야 한다. 행복은 놓아 버림으로써, 행복에 대한 생각마저 놓아 버림으로써 얻을 수 있다. 행복하려면 어떠한 조건이 갖추어져야 한다고 생각할지 모른다. 하지만 깊이 들여다보면, 바로 그 생각이 행복으로 가는 길에 걸림돌이 되어 오히려 우리를 괴롭히고 있는 게 보일 것이다.

사과나무

뜰에 서 있는 사과나무를 보라. 마음을 모아 찬찬히 바라보라. 그 자체가 하나의 기적이다. 우리가 사과나무를 자세히 보면 우리도 그 기적의 한 부분이 된다. 그렇게 한 주일만 보아도 벌써 나뭇잎에 윤기가 돌고 초록빛이 짙어질 것이다.

우리 주변 사람들도 정확하게 그렇다. 우리는 깨어 있는 만큼 더욱 이해하고 사랑하게 될 것이며, 그렇게 함으로써 우리 자신은 물론 주변 사람들에게까지 생기를 불어넣어 줄 것이다. 평화롭게 살아가는 한 사람의 존재만으로 사회 전체가 변화할 수 있다.

예상 못한 일에 대한 두려움

평화가 스며들다

자연스러운 휴식

지금 자네 뭘 하고 있나?

바른길

사랑 고백

좀 더 깊이 들여다보라

평화 되기

하나에 모두가 담겨 있다

언제나 니르바나

어머니 땅

공간이 자유다

그 빛에 닿아

놀랍고 신비로운 것

자연스러운 육아

깊은 통찰

하느님 앞에서 행동하기

붓다는 언제나 있다

눈을 감아도 볼 수 있는 이유

어떤 죽음

두 가지 세계

두려움에서 자유로워지기

말로는 표현할 수 없는 자유

고통의 좋은 점

무한한 순간

그들의 꽃에 물 주기

자비로운 경청

너는 이미 이르렀다

긴장 풀기 연습

참으로 이상한 일

출처 없음

모든 생각이 성스럽다

네 가슴을 사랑하라

모두의 안녕

어느 씨앗에서 싹이 틀 것인가

덧없음 만세!

존재와 비존재

쉴 줄 모르는 사람들

부활

그냥 지켜볼 뿐

함이 없는 마음으로 하기

행복의 비밀

평화로운 세상을 만들려면

사랑스러운 말

우리가 불안에 대처하는 자세

휴식이 되는 명상

과거 바꾸기

너의 사랑 고백은 언제나 같다.

"사랑하는 사람아, 너를 위해 내가 지금 여기 있다."

이렇게 살았으면

어떻게 하면 마음챙김 수행을 사회에 널리 퍼뜨릴 수 있을까?
어떻게 하면 스스로 깨어나 행복하게 살고, 남들에게 그렇게
사는 법을 가르쳐 줄 수 있는 인재를 많이 배출할 수 있을까?
폭력을 만들 줄 아는 사람은 정말 많지만 행복하게 숨 쉴 줄 아
는 사람은 너무도 적다. 덕분에 우리는 스스로 행복해지고 다
른 이들의 피난처가 되어 줄 수 있는 놀라운 기회를 날마다 맞
이한다.

사랑은 이해다

불교에서는 사랑과 자비가 '이해'라는 원천에서 나온다고 가르친다. 이해하면 사랑할 수 있다. 그러나 이해가 없으면 누군가를 받아들이고 사랑하는 일이 불가능해진다. 그 남자가 왜 그랬을까? 그 여자가 왜 그런 말을 했을까? 이런 질문을 품고 깊이 들여다보면, 그 사람이 그럴 수밖에 없는 이유를 알게 될 것이다. 이렇게 이해가 되면 저절로 비난과 비판이 멈추어진다. 대신 자비와 사랑이 솟아난다.

지혜로 돌아가라

깨어 있는 마음으로 걷고, 깨어 있는 마음으로 앉고, 깨어 있는
마음으로 숨 쉬는 것이 우리 삶의 바탕이다. 그렇게 함으로써
우리는 마음챙김 에너지를 만들어 낼 수 있고, 그 에너지는 우
리 몸 세포 하나하나에 스며 있는 지혜를 살려 낼 수 있다. 마
음챙김 에너지가 우리를 품어 안고 치료해 줄 것이다.

유산 관리하기

우리 몸에는 조상들의 아름다운 기질과 행위가 그들의 아픈 상처와 함께 배어 있다. 이를 알기에 우리는 조상들의 아름답고 좋은 기질을 이어가기 위해 최선을 다하고, 아울러 그들로부터 물려받은 아픔과 온갖 종류의 폭력을 다른 것으로 바꾸는 수행을 계속할 것이다. 평화 수행은 우리 자신만을 위한 것이 아니라 모든 조상과 후손을 위한 것이다.

다른 누구도 될 필요가 없다

네 앞에 목표를 세워 두면 평생 그곳을 향해서 달려야만 한다. 그러면 결코 행복할 수 없을 것이다. 행복은 달리기를 멈추고 너 자신과 지금 이 순간을 소중히 여길 때에만 가능하다. 너는 다른 누구도 될 필요가 없다. 너 자체로 이미 놀라운 생명의 기 적이다.

성냥과 성냥불

무상(無常)과 무아(無我)에 대한 가르침은 우리가 가지고서 일해야 할 연장이다. 하지만 그것에 사로잡혀서는 안 된다. 그것에 사로잡히면 '무상'이 하나의 개념으로 바뀌고 '무아' 또한 그렇게 된다. 이런 개념들이야말로 붓다가 버려야 한다고 가르치신 바로 그것들이다. 붓다는 무상과 무아라는 개념을 포함해서 다른 모든 개념의 완전한 소멸이 니르바나라고 말씀했다. 불을 피우려면 성냥을 켜야 한다. 그리고 불이 붙으면 불이 성냥을 모두 태운다. 무상과 무아에 대한 가르침이 성냥과 같다. 수행을 제대로 하면 성냥이 말끔하게 타 없어질 것이고, 우리는 비로소 자유로워질 것이다.

힘을 회복하는 연습

언덕이나 공원을 걸을 때 입술 끝에 반쯤 웃음을 머금고, 네 숨결에 맞추어 걸음을 옮겨 보라. 몸이 고단하거나 짜증이 날 때 팔을 벌리고 대자로 누워 온몸에서 근육의 긴장을 풀고 빙그레 웃으며 들숨과 날숨을 의식해 보라. 이렇게 쉬는 것 자체가 원기를 회복하는 확실하고 놀라운 방법이다. 하루에 몇 번이고 이렇게 연습하면 많은 효과를 볼 것이다.

우아한 침묵

마음챙김 수행을 하는 동안은 말을 하지 마라. 겉으로는 물론
속으로도 말하지 마라. 속으로 말하는 것이 생각이다. 입술과
마음으로 하는 말을 끊는 것이 진정한 침묵이다. 그것은 밖에
서 입을 틀어막는 침묵이 아니다. 매우 우아한 침묵이요, 강력
한 힘을 지닌 침묵이다. 우리를 치료하고 먹여 기르는 그런 침
묵이다.

의식

어떤 일을 진정으로 깊이 있게 하면 그 일이 의식(儀式, ritual)이 된다. 물 한 잔 마실 때, 마시는 행위에 마음을 모으면 그것이 의식이다. 온몸으로 걸으면서 발걸음 하나에 백 퍼센트 집중하면 마음챙김과 집중은 현실이 된다. 그렇게 걷는 발걸음 하나가 우리로 하여금 진실하고 깊이 살 수 있도록 하는 마음챙김과 집중 에너지를 생산한다. 두 번째 걸음 역시 그렇게 내딛으면 집중을 유지할 수 있다. 그런 걸음걸이는 정성껏 치르는 의식과 같다.

운전 수업

차를 운전할 때에도 수행을 계속할 수 있다. 운전하는 시간을 마음챙김을 연습하는 시간으로 삼는 것이다. 실제로 차를 운전하면서 훌륭하게 수행을 할 수 있다. 들숨과 날숨을 자각하며 자기 안에서 일어나는 일들을 알아차린다. 붉은 신호등에 막히면 그 등을 보면서 미소 짓는다. 붉은 신호등은 길을 막는 적이 아니다. 우리가 스스로에게 돌아오도록 도와주는 친구다.

견고한 사람

견고한 사람이 되어라. 너는 중요한 존재다. 집안에서, 사회에서, 나라에서 당당하게 한몫을 하는 사람이다. 너 자신을 회복하여 너 자신이 되어야 한다. 견고한 너로 돌아가라. 너는 날마다 견고함을 연습할 수 있다. 발걸음을 옮길 때, 숨을 들이쉬고 내쉴 때 스스로 견고해지도록 너 자신을 도울 수 있다. 네가 견고해질 때 거기에 자유가 있다.

자기를 바로 보기

우리는 동떨어져 따로 존재해야 할 이유가 없다. 실은 그 무엇도 별개로 존재할 수 없다. 우리는 모든 것과 더불어 서로 안에 있어야 한다. 꽃 한 송이를 보라. 그것은 저 홀로 피어날 수 없다. 한 송이 꽃도 우주 전체와 서로 안에 있어야 한다. 우리 또한 마찬가지다. 명상하는 이들의 공동 과제는 그릇된 자기관(view of the self)을 벗어던지는 것이다. '내'가 따로 존재한다는 착각에서 온갖 고통이 생겨나기 때문이다.

지난날의 그림자

절망과 고통 속에서 시달릴 때 우리는 '이것'이 '저것'에서 왔음을, 지난날의 어떤 사건에 사로잡혀 있어서 지금 우리가 이 고통을 겪는 것임을 보고 알 수 있다. 지금 우리는 안전하다. 이것이 현실이다. 그러므로 지금 이 순간 우리는 얼마든지 생의 경이로움을 즐길 수 있다. 우리의 고통이 눈앞의 현실보다 지난날의 그림자들에서 오는 것임을 알아차릴 때, 현재 순간을 행복하게 살게 된다.

시간을 쓰는 기술

시간을 어떻게 쓰는가? 너는 생계를 유지하고 사랑하는 이들을 돌봐야 한다. 그런데 너는 삶을 좀 더 깊이 탐색하기 위해 일과를 조정해보려 했는가? 그 노력은 두려움에서 벗어나 참된 기쁨과 안녕을 맛보게 해줄 것이다. 두려움과 고통의 바다에서 익사하도록 스스로를 내버려 두지 마라. 우리 가운데는 자신을 깊이 탐색해 거기서 발견한 보물을 이웃과 나누는 사람들이 있다. 그들과 가까이 사귀어라. 그리하여 너 자신의 깊은 경지로 들어가 두려움과 우려와 절망으로부터 스스로 해방되는 영성의 오솔길을 걸어라.

매듭 풀기

누가 우리에게 욕을 하거나 거친 말을 할 때 그 사람이 왜 그러는지가 이해되지 않으면 우리 속에 단단한 응어리가 맺히기 마련이다. 그렇게 속으로 맺힌 응어리는 모두 이해의 결핍에서 온 것이다. 어떤 응어리가 우리 속에 맺히는 순간 그것을 알아차리고 풀어 버리는 법을 마음챙김 수행에서 배울 수 있다. 속으로 맺히는 응어리는 그것이 맺히는 순간에, 아직 느슨할 때 알아차려야 한다. 그래야 쉽게 풀 수 있다.

함께 숨 쉬기

숨을 쉴 때 우리는 빛이다. 환하고 고요하며 평온하다. 모든 조상과 후손이 우리와 함께 숨을 쉰다. 그렇게 쉬어야만 배운 대로 숨 쉬는 것이다. 마음을 조금만 모으면 된다. 조금만 집중하면 된다. 그러면 더 깊고 넓게 볼 수 있다. 처음에는 조상들이 우리와 함께 숨 쉬는 장면을 그려 볼 수 있다. 그러다 보면 점차 그러한 상상 없이도, 매 호흡마다 과거와 미래의 모든 사람들이 우리와 함께 숨 쉬고 있음을 알게 된다.

예술이 사랑이 되는 이유

예술은 사람이 자기 고통의 정체를 이해해서, 부정적인 것을 변화시키고 아름다운 것들을 더욱 아름답게 하는 방법을 터득하도록 도와준다. 글쓰기, 영화 제작 등 모든 예술 창작 활동은 사랑의 행위일 수 있다. 사랑의 행위는 우리는 물론 다른 사람도 먹여 기른다. 우리가 행복하고 순간순간을 깊이 있게 살면, 진정한 이해와 기쁨과 자비가 우리 속에서 절로 솟아날 것이다. 그 이해와 기쁨과 자비가 예술 활동에 반영될 것이고, 그 열매를 이웃과 더불어 누리게 될 것이다.

공동의 지혜

이 나라에는 폭력으로 폭력을 없앨 수 없음을 아는 사람들이 많다. 평화로 가는 길이 따로 없고, 평화 자체가 길임을 그들은 잘 알고 있다. 그런 사람들이 한데 모여 큰 목소리로 공동의 지혜를 나라에 알려야 한다.

붓다의 미소

무언가에 대한 우리의 생각이 우리가 그것을 직접 만나지 못하게 가로막는다. 진짜 장미를 만나려면 그 꽃에 대한 관념을 모두 지워야 한다. "붓다여, 당신은 사람입니까?"와 같은 질문은, 사람이란 이런 것이라는 하나의 관념을 전제로 한다. 그래서 붓다는 그저 우리를 향해 미소 지었다. 그 미소에는 나에 대한 네 견해를 넘어 나와 직접 만나자는 격려의 메시지가 담겨 있다. 어떤 존재와 그것에 대한 관념은 전혀 다른 것이다.

행복을 창조하는 기술

우리는 행복을 창조하는 기술을 배워야 한다. 어렸을 때 가정에서 부모가 행복을 창조하는 모습을 보며 자랐다면, 그 사람은 무엇을 어떻게 해야 하는지 잘 알 것이다. 하지만 많은 사람들이 어린 시절 그런 롤 모델을 보지 못했고, 따라서 어떻게 행복을 창조해야 하는지를 잘 모른다. 문제는 누가 옳고 그르냐에 있지 않다. 얼마나 지혜롭게 처신하느냐가 관건이다. 여럿이 함께 어울려 살려면 고도의 기술이 필요하다. 아무리 선한 의도를 많이 지녔다 해도 얼마든지 남을 불행하게 만들 수 있는 것이 사람이다. 마음챙김이야말로 다른 사람을 행복하게 해주는 기술의 핵심이다. 깨어 있는 마음으로 행동할 때 우리는 더욱 세련된 기술을 발휘하게 될 것이다.

한 사람을 사랑하기

어떻게 사랑하고, 어떻게 이해할 것인가? 이는 제대로 된 질문이 아니다. 문제는 우리에게 사랑하고 이해하는 능력이 있느냐다. 사랑하고 이해하는 능력이 있으면 우리는 놀라운 생의 경이를 맛보며 살 것이다. 그 능력이 자신은 물론 주변 사람들을 동시에 만족시킬 것이다. 그것이 붓다의 사랑이다. 참사랑은 그와 같다. 한 사람을 사랑하는 것은 모든 사람을 차별 없이 사랑하는 법을 배우는 아주 좋은 기회다. 누군가를 사랑하고 이해하는 능력이 있다면 당장 그렇게 하라. 기다릴 필요 없다. 그 일에 성공할 때 모든 근심걱정이 사라지고 인생의 경이를 느끼게 될 것이다.

잘못된 인식 바로잡기

모든 분노, 증오, 두려움, 폭력의 에너지는 잘못된 인식에서 나
온다. 잘못된 인식이 분노, 증오, 의심, 불신을 낳고 테러를 낳
는다. 벌을 주는 것으로 누군가의 잘못된 인식을 바로잡을 수
는 없다. 그건 남의 말을 잘 들어주고 다정하게 말하는 것으로
만 가능하다. 자비로이 경청하고 다정하게 말하는 법을 연습
하면 인간관계에 조화를 이루고, 사회의 분별과 차별을 없애
고, 세상을 해방시키는 깨달음을 얻을 수 있다.

덧없음

깨어 있는 마음으로 사물의 본성을 들여다보면 그것들 모두의
덧없음〔無常〕이 보일 것이다. 모든 것은 끊임없이 바뀐다. 어느
것도 항구적인 본체를 지니지 않는다. 덧없음은 나쁜 게 아니
다. 덧없음이야말로 생명의 진수요, 그것이 생명을 살아 있게
한다. 덧없음을 거부하는 것은 삶을 거부하는 것이다. 덧없기
때문에 모든 일이 가능해진다. 덧없음에 우리의 희망이 있다.

아기 붓다

우리의 잠재의식 안에 아기 붓다가 있다. 그 아이가 태어나도록 도와주어야 한다. 우리 안에 있는 아기 붓다 — 우리 안에 묻혀 있는 사랑과 이해의 씨앗 — 와 닿을 때, 우리는 사랑의 마음과 깨달음의 마음으로 충만해진다. 그때부터 우리가 하는 모든 말과 행동이 우리 안에 있는 아기 붓다를 먹여 기르고, 우리는 기쁨과 안심과 신뢰로 충만해진다. 우리 안에 있는 사랑의 마음이 깨어나는 바로 그 순간에 진정한 수행이 시작된다.

나는 이것들이 필요 없다

아마도 우리는 두려움이나 절망 같은 부정적인 것들을 수없이 보고 듣고 만지며 살고 있을 것이다. 이런 부정적인 것들이 도처에 널려 있다. 예컨대 텔레비전을 켜면 폭력과 절망과 두려움으로 범벅이 된 화면들이 쉼 없이 펼쳐진다.

그럴 때 마음을 다잡고 이렇게 말하라. "나는 이것들이 필요 없다. 그렇잖아도 내 속은 고통, 폭력, 분노, 절망으로 가득하다. 이런 프로그램들을 더 이상 보지 않겠다. 밖으로 나가서 나를 치유하고 도와줄 자연의 생명을 맛보겠다. 걷기 명상을 하고 파란 하늘을 쳐다보고 옹달샘 물을 마시고 새들의 노래를 듣겠다. 천진난만한 아이들과 함께 놀겠다."

늘 바뀌는 몸

흐르는 강물같이 우리 몸을 볼 줄 알아야 한다. 우리 몸은 고정된 것이 아니다. 항상 바뀐다. 우리 몸을 끊임없이 바뀌는 강물처럼 무상한 것으로 보는 일이 매우 중요하다. 우리 몸의 모든 세포는 유유히 흐르는 강의 물 한 방울과 같다. 태어남과 죽음이 날마다 순간마다 이어지고 있다. 우리는 삶과 죽음이 동시에 현존하는 모든 순간을 살아야 한다. 우리 몸의 강물 안에서 삶과 죽음이 매 순간 교차하며 발생한다. 이와 같은 무상함의 빛으로 자신을 볼 수 있도록 스스로 수행을 계속해야 한다.

성령

마음챙김 에너지가 네 안에서 작용할 때 붓다가 네 안에 살고 있다. 마음챙김 에너지가 붓다의 에너지다. 그리스도교의 '성령(聖靈)'과 같은 것이다. 성령이 있는 곳에 이해, 생명, 치유, 자비가 있다. 마음챙김이 있는 곳에서 참된 삶, 안정, 자유, 치유가 이루어진다. 이 마음챙김 에너지를 만들어 낼 능력이 우리 모두에게 있다. 마음을 모아 걷고 숨 쉬고 차를 마심으로써 네 안에 있으면서 너를 깨우치고 너로 하여금 진정한 삶을 살게 해주는 마음챙김 에너지를 길러라.

이름표를 넘어

우리 모두 '사람'이라는 점에서 똑같다. 그런데 너한테 붙어 있는 수많은 이름표가 사람들로 하여금 너를 '사람'으로 보지 못하게 방해한다. 스스로를 '불교인'이라고 부르거나 생각하는 것이 너한테 불리할 수 있다. 네 스스로에게 달아 준 '불교인'이라는 이름표가 사람들로 하여금 네 안에 있는 '사람'을 보지 못하게 가로막을 수 있기 때문이다. 그리스도인이나 유대인이나 이슬람교인이라 해도 마찬가지다. 그것들이 너를 구성하는 중요한 부분일 수는 있지만 결코 너의 전부는 아니다. 우리는 이런저런 이름표에 갇혀 있다. 그래서 다른 사람을 그냥 사람으로 보지 못한다. 모든 이름표를 벗겨 내 그 '사람'이 드러나게 하는 연습이야말로 평화를 위한 진정한 수행이다.

망각

대부분의 사람들이 망각 속에서 살아간다. 그들은 많은 시간을 여기 있으면서 여기에 있지 않다. 마음이 온갖 걱정, 두려움, 분노, 후회 따위에 사로잡혀서 지금 자기가 있는 곳을 떠나 있기 때문이다. 그렇게 존재하는 상태를 망각 속에서 산다고 말한다. 너는 여기 있다. 그런데 여기 있지 않다. 과거나 미래에 붙잡혀 있다. 지금 이 순간 여기에서 네 삶을 착실하게 살지 않는다. 이것이 망각이다.

망각의 반대는 마음챙김이다. 몸과 마음이 함께 지금 여기에 있는 것이다. 깨어 있는 마음으로 숨을 들이쉬고 내쉬면서 마음을 몸한테 데려옴으로써 너는 여기에 현존한다. 몸이 있는 곳에 마음이 있을 때, 너는 현재 순간을 산다. 그때 비로소 네 안팎으로 널려 있는 행복의 조건들을 알아차리게 되고, 행복이 저절로 찾아온다.

끝

붓다는 우리에게 "너는 존재하지 않는다."고 말하지 않았다. 다만 "너에게 '나'라는 자아가 없다."고 말했을 뿐이다. 너의 본성은 무아다. 우리는 붓다가 "우리는 존재하지 않는다."고 말한다고 생각하기 때문에 괴로운 것이다. 우리는 한 끝에서 다른 끝으로 오락가락한다. 하지만 두 끝 모두 하나의 견해일 따름이다. 결코 실제를 경험하게 해주지 못한다. 우리는 이런저런 견해를 지니고 있기에 고통을 겪는다.

어떤 채널을 선택할까?

삶이 고달프고 웃음이 나오지 않더라도 우리는 웃으려고 노력해야 한다. 최근에 한 친구가 내게 물었다. "슬픔으로 가득한데 억지로 웃을 수 있나요? 그건 자연스럽지 않아요." 나는 그에게 이렇게 말해 주었다. "당신의 그 슬픔을 향해 웃어 줄 수 있어야 합니다. 왜냐하면 우리는 슬픔보다 더 큰 존재이기 때문입니다."

한 사람은 채널이 수백만 개쯤 있는 텔레비전과 같다. 붓다로 채널을 돌리면 우리는 붓다가 된다. 슬픔으로 채널을 돌리면 슬픔이 된다. 웃음으로 채널을 돌리면 그대로 웃음이 된다. 그중 어느 한 채널이 우리를 독차지하게 놔둘 순 없다. 우리 안에는 온갖 씨앗이 들어 있다. 우리는 자신에 대한 통치권을 회복하기 위해 상황을 장악할 수 있어야 한다.

네 안에 있는 사람을 안아 주어라

이 연습을 간곡히 권한다. 세상에서 가장 사랑하는 사람을 생각하면서 1분쯤 시간을 내어 숨 쉬기 명상이나 걷기 명상을 해보라. 그때 너는 진정으로 지금 여기에 현존한다. 그런 다음 입을 열어 다음 주문을 외워라. "사랑하는 사람아, 내가 지금 너를 위해 여기 있다." 이렇게 마음을 모아 네 안에 있는 그 사람을 안아 주어라.

위험한 생각

많은 사람들이 오직 행복만이 있는 곳, 고통이나 괴로움이 없는 곳으로 가고 싶어 한다. 이는 어리석은 정도가 아니라 오히려 위험한 생각이다. 고통과 괴로움이 없으면 자비가 불가능하기 때문이다. 고통 속으로 들어갈 때에만 거기에서 태어나는 이해와 자비를 만날 수 있다. 고통이 없는 데서는 자비와 이해를 길러 낼 기회를 얻지 못하고, 이해 없이는 참된 사랑을 할 수 없다. 행복만 있는 곳, 고통이나 괴로움이 없는 곳으로 가고 싶어 하는 것이야말로 정말로 어리석은 생각이다.

어딘가에 있는 좋은 것들

어떤 사람과 함께 있을 때 기운이 나거나 치유되는 것이 느껴지거든 될 수 있는 대로 그와 함께 있으면서 그의 에너지로 너를 채워라. 주변에 좋지 않은 것들이 있으면 건강하고 생기 있고 진실한 것을 찾아라.

반드시 어딘가에 좋은 것들이 있다. 사실 그 좋은 것들은 늘 너와 함께 있다. 그것들의 생명력과 치유력이 너를 도울 것이다. 황홀하게 지는 해나 아름다운 풍경을 바라볼 기회가 있거든 그냥 그것에 푹 잠겨 있어라. 5분만이라도 시간을 내어 숨을 깊이 쉬면서 마음을 모으면 그곳에 진정으로 현존하게 될 것이다. 자연의 아름다움과 깊숙이 접촉하라. 몸과 마음에 아주 좋은 일이 일어날 것이다.

휴식의 중요성

휴식은 불교 명상의 중심이다. 우리는 몸과 함께 마음도 쉬어야 한다. 문제는 많은 사람들이 몸과 마음으로 쉴 줄을 모른다는 점이다. 언제나 우리는 무슨 일로 허둥대고 있다. 허둥대는 게 버릇이 되었다. 허둥대는 자신에게 저항할 줄도 모른다. 자신에게 허둥대는 버릇이 있음을 알아차리는 것이 매우 중요하다. 우리는 버릇이 밖으로 나올 때 그것을 알아차릴 수 있어야 한다. 버릇이란 녀석은 우리가 알아차리면 힘을 잃고 더는 우리를 밀어붙이지 못한다.

값진 시간들

어느 암자 기둥에 넉 줄로 된 글이 걸려 있는데 맨 마지막 줄이 이렇다. "인생을 허비하지 마라." 우리 삶은 수많은 날들과 시간들로 이루어져 있다. 매 순간이 값진 시간들이다.

오렌지 한 알의 기적

집중은 행복해지는 연습이다. 집중 없이는 행복도 없다. 오렌지를 먹을 때 집중하려고 노력해 보라. 오렌지를 먹는 동안 그것이 주는 기쁨과 즐거움과 행복을 남김없이 맛보라. 오렌지를 보면서 숨을 깊이 쉬면 오렌지 한 알이 그대로 기적이다. 너 또한 생명이 보여 주는 기적이다. 그 점에서 너와 오렌지는 같다. 너 또한 네 존재로서 하나의 기적을 보여 주고 있는 것이다.

위빠사나

'위빠사나'는 "관찰하는 대상 안으로 깊이 들어감"을 의미한다. 온전히 깨어서 한 사물을 깊이 관찰할 때, 관찰하는 자와 관찰되는 대상 사이의 경계가 차츰 무너지면서 이윽고 주체와 객체가 하나가 된다. 이것이 불교 명상의 진수다. 보이는 사물 안으로 들어가 그것과 하나가 될 때 우리는 그것을 참으로 이해할 수 있다. 바깥에서 대상을 바라보는 것만으로는 충분하지 않다.

'자아'를 던져 버려라

석가모니 붓다가 '자아 없음〔無我〕'을 말한 것은 삶과 우주에
관한 여러 개념들을 뒤엎은 것이다. 붓다는 항구적인 자아가
따로 있다는 단단하고 보편적인 우리의 신념을 깨뜨렸다. '자
아 없음'을 제대로 이해하는 사람은 그것의 기능이 '자아'를 다
른 개념으로 대체하는 데 있지 않고 그것을 던져 버리는 데 있
음을 안다. '자아 없음'이라는 생각은 하나의 수단이다. 목적이
아니다. 그것이 또 하나의 개념으로 굳어지면 다른 모든 개념
들과 마찬가지로 깨뜨려야 한다.

예수와 붓다

한번은 누가 내게 물었다. "오늘 붓다와 예수가 만난다면 서로에게 뭐라고 말할까요?" 붓다와 예수가 날마다 모든 곳에서 만나고 있다는 게 내 대답이었다. 불교인은 붓다의 연장(延長)이고 그리스도인은 예수의 연장이다. 그러니 두 분이 오늘도 각처에서 만나고 있는 것이다. 우리는 그 만남이 성공적으로 이루어지도록 도와야 한다.

사랑하는 사람을 위하여

사랑하는 사람에게 '지금 여기 있는' 너를 선물한 적 있는가? 혹시 너무 바빠서 그의 곁에 있어 줄 수 없는 건 아닌가? 네가 아버지나 어머니나 배우자라면 지금 여기 현존하는 능력을 길러라. 그것이 네가 사랑하는 사람에게 줄 수 있는 가장 값진 선물이다.

과거에서 배우기

붓다는 우리에게 과거를 겁낼 것 없다고 말했다. 그러면서 한편으로는 과거에 파묻혀 자기 자신을 잃지 말라고 경고했다. 과거에 대한 후회를 양육해서는 안 된다. 그렇다고 과거를 모두 버려서도 안 된다. 우리는 과거를 공부하고 이해할 필요가 있다. 과거를 깊이 성찰함으로써 현재와 미래의 삶에 보탬이 될 많은 교훈을 얻을 수 있기 때문이다. 과거는 공부와 명상의 좋은 주제다. 물론 그 공부는 현재 순간에 닻을 내린 공부요 명상이어야 한다.

땅에 닿는다는 것

걷기는 땅과 접촉하는 한 방법이다. 우리는 걸으면서 발로 땅을 만지고, 땅을 치유하고, 자신을 치유하고, 인류를 치유한다. 10분이나 20분, 자투리 시간이 나거든 걷기를 즐겨라. 발걸음마다로 우리 자신을 치유하고 양육할 수 있다. 깨어 있는 마음으로 자유롭게 내딛는 발걸음 하나하나가 우리를 치유하고 변화시킬 것이다. 그리고 온 세상이 우리와 함께 치유되고 변화될 것이다.

구름 위에서 빛나는 해

비 오는 날은 햇빛이 없다고 생각하기 쉽다. 하지만 비행기를 타고 구름 위로 오르면 환하게 빛나는 해를 보게 된다. 우리는 언제나 햇빛이 거기에 있음을 안다. 화를 내거나 절망할 때에도 사랑은 항상 우리 안에 있다. 대화하고 용서하고 자비를 베푸는 능력이 우리 안에 있는 것이다.

이 사실을 믿어야 한다. 우리는 분노보다 크고 고통보다 큰 존재다. 사랑하고 이해하고 자비로울 수 있는 능력이 우리 안에 있음을 알아야 한다. 그러면 우리 마음에 비가 오는 날에도 낙심하지 않을 것이다. 비가 내린다 해도 여전히 그 위에서 햇빛이 눈부시게 빛날 것이다. 비는 곧 그칠 것이고 다시 해가 빛날 것이다. 희망을 품어라. 너와 다른 사람들 안에 좋은 기운이 있음을 기억하면, 어둠을 뚫고 나아가 마침내 그 좋은 기운을 밖으로 뿜어낼 수 있을 것이다.

변화의 원천

다르마* 수행은 더 이상 개인의 것일 수 없다. 그것은 공동의 수행이어야 한다. 교사는 다른 교사나 학생과, 심리치료사는 환자나 다른 치료사와 함께 수행해야 한다. 영화감독은 깨어남을 주제로 한 영화를 만들고, 기자는 사람들이 깨어나게 도와줄 기사를 써야 한다. 모든 사람이 인류의 깨어남을 촉진하는 일에 참여해야 한다. 깨어남이 모든 변화의 원천이다.

---

* 붓다의 가르침, 진리, 바른 길 등을 의미하는 말.

태어남과 죽음이라는 개념

실제를 깊이 들여다보면 어떤 것도 생겨나거나 사라지지 않았음을 알게 될 것이다. 《반야심경》에서 말하듯이 태어남도 죽음도 본디 없는 것이다. 태어남은 하나의 개념이고, 죽음도 하나의 개념이다. 두 개념 모두 실제에 부합하지 않는다. 이 진실이 우리에게 분명해지도록 깊이 들여다보는 연습을 계속할 필요가 있다.

지금 이 생각이 맞는가?

우리의 인식이란 언제나 매우 잘못된 것이고, 그 때문에 고통을 겪는 거라고 붓다는 말씀했다. 우리는 이 말씀에 귀를 기울여야 한다. 인식에 사로잡히지 않으면서 깊이 성찰하는 법을 배워야 한다. 언제나 스스로 이렇게 물어야 한다. "지금 이 생각이 맞는가?" 이렇게 한 번 묻는 것만으로도 큰 도움을 받을 수 있다.

두 번째 화살

붓다는 '두 번째 화살'에 대해 말한다. 화살에 맞으면 아프다. 같은 자리에 두 번째 화살이 날아와 꽂히면 열 배는 더 아플 것이다.

마음이나 몸이 아플 때 그 아픔에 집중하면서 숨을 들이쉬고 내쉬되, 아픔을 키우지 말라고 붓다는 충고한다. 아픔에 대하여 걱정하고 두려워하고 저항하고 분노하기를 멈추면 아픔이 십분의 일로 덜어질 것이다. 아픔에 대한 걱정, 두려움, 저항, 분노가 바로 두 번째 화살이다. 이 두 번째 화살이 날아와서 꽂히지 않게 자신을 보호해야 한다. 두 번째 화살은 자기 자신으로부터 날아온다.

예상 못한 일에 대한 두려움

예상 못한 일에 대한 두려움이 여러 사람을 근심걱정 속에 살게 만든다. 누구도 자기 자신 또는 사랑하는 사람들에게 일어날지 모르는 불행을 미리 알 수 없다. 그러나 우리가 깨어 있는 법, 매 순간을 신중하게 사는 법, 이웃을 친절과 관용으로 대하는 법을 배워 익힌다면 우리와 우리가 사랑하는 이들에게 무슨 일이 일어나더라도 후회할 일은 하지 않을 것이다. 현재 순간을 살 때 우리는 인생의 온갖 경이, 생명, 건강을 경험할 수 있다. 그것들이 우리의 묵은 상처를 치유해 줄 것이다. 그리하여 날마다 더 경이롭고 더 생기 있고 더 건강해지는 자신을 보게 되리라.

평화가 스며들다

깨어 있는 마음으로 숨 쉼으로써 조화, 깊이, 고요를 자아내면 그것들이 몸과 마음에 스며들 것이다. 실제로 마음에 무엇이 들어 있든지 그것이 곧장 몸에 영향을 줄 것이고, 그 역도 마찬가지다. 숨 쉬면서 평화를 자아내면 그 평화가 우리의 몸과 마음을 가득 채울 것이다.

자연스러운 휴식

어떤 사람이 조약돌을 강물에 던진다고 상상해 보자. 강물 위에 떨어진 조약돌은 물속으로 가라앉는다. 그러고는 아무 노력도 하지 않았는데 강바닥에 가서 닿는다. 일단 바닥에 닿으면 거기에 자리 잡고 앉아 편안히 쉰다. 강물이 제 위로 흘러가게 내버려 둔다. 나는 조약돌이 가장 짧은 시간에 강바닥으로 가 닿는 것이 아무런 노력도 하지 않기 때문이라고 생각한다. 앉기 명상을 할 때 우리는 조약돌처럼 편안히 쉴 수 있다. 편안히 자리 잡고, 쉬려는 노력 없이 자연스럽게 가라앉도록 자신을 내버려 둘 수 있다.

지금 자네 뭘 하고 있나?

하루는 부엌을 지나가다가 채소를 손질하고 있는 젊은이에게 물었다. "지금 자네 뭘 하고 있나?" 나는 그에게 영적 친구로서의 역할을 담당하는 중이었다. 그가 채소를 손질하고 있는 줄 잘 알면서 그렇게 물은 것은, 채소 다듬기가 어떻게 사람을 행복하게 해주는지 깨우쳐 주려는 의도였다. 우리가 어떤 일을 기쁘고 행복하게 하지 않으면 그 시간을 허비하고 있는 것이다.

바른길

행복이란 매 순간 바른길을 가고 있다는 느낌으로 사는 것이다. 행복하기 위해서 반드시 종점에 이르러야 하는 것은 아니다. 순간순간 살아가는 구체적 삶의 방식에 바른길이 있다. 불교에서는 여덟 가지 바른길을 말한다. 바른 앎, 바른 생각, 바른 말, 바른 행동, 바른 살림, 바른 노력, 바른 마음챙김, 바른 집중이 그것이다. 우리는 날마다 이 여덟 가지 바른길로 살 수 있다. 이것은 우리를 행복하게 해줄 뿐 아니라 우리 주변 사람들도 행복하게 해준다. 이 길을 닦으면 더 유쾌해지고 더 건강해지고 더 자비로워질 것이다.

사랑 고백

무엇이 사랑인가? 다른 사람의 존재를 사랑하는 마음으로 인식하는 것이다. 이것은 이론이 아니라 실천이다. 사랑하는 대상이 네 가슴이든, 네 숨이든, 네 몸이든 아니면 네 아들이든, 딸이든, 배우자든 간에 너의 사랑 고백은 언제나 같다. "사랑하는 사람아, 너를 위해서 내가 지금 여기 있다."

좀 더 깊이 들여다보라

이해와 자비가 고통을 덜어 준다는 건 모두가 알고 있는 사실이다. 그냥 하는 상투적인 말이 아니다. 이해와 자비가 있는 곳에 안심이 있고, 자신과 남을 돕는 손길이 있다. 그 이해와 자비를 살아 있게 하는 것이 우리의 수행이다. 바쁜 일상 속에서도 조금 더 깊이 들여다보는 시간을 마련한다면 언제나 더 많은 이해와 자비가 우리에게서 생겨날 것이다.

평화 되기

자리에 앉아 숨을 들이쉬며 몸과 마음을 고요히 하는 순간 평화가 우리 몸에서 실현된다. 그렇게 숨 쉬는 것은 기도와 같다. 우리 안에 평화가 있을 때 다른 사람과 연결될 수 있고, 그 사람도 우리처럼 평화롭도록 도울 수 있다. 그렇게 우리는 평화의 몸이 되고, 평화로운 공동체가 된다.

하나에 모두가 담겨 있다

깨어 있는 마음으로 하나의 사물을 만지면 모든 것을 만지는
것이다. 시간도 그렇다. 한 순간을 깨어서 살면 모든 순간을 사
는 것이다. 《화엄경》에 따르면, "티끌 하나에 온 우주가 담겨
있다." 우리가 한 순간을 깊이 살면 그 순간 속으로 모든 과거
와 미래가 들어온다.

언제나 니르바나

니르바나는 삶의 궁극적 차원, 평화와 기쁨으로 충만한 상태다. 죽어서 들어가게 되는 상태가 아니다. 바로 지금 깨어 있는 마음으로 숨 쉬고, 걷고, 차를 마시면서 니르바나에 접할 수 있다. 태초부터 너는 '니르바나에 접한 상태'였다. 모든 사물과 모든 사람이 니르바나 안에 있다.

어머니 땅

오래전부터 땅은 거기에 있었다. 땅은 모두의 어머니다. 그녀는 모든 것을 안다. 깨달음을 얻기 전, 몇 가지 의심과 두려움이 남아 있던 붓다는 손으로 땅을 만지며 자기한테 일어나는 일들을 잘 봐달라고 부탁했다. 그때 땅이 아름다운 어머니 모습으로 나타나 품 안에 있는 꽃과 열매, 새와 나비, 그리고 다른 모든 짐승들을 붓다에게 내어 주었다. 그 순간 붓다에게서 모든 의심과 두려움이 사라졌다.

불행하다고 생각될 때 땅에게 가서 도움을 청하라. 붓다가 그랬듯이 그녀를 깊이 접하라. 문득 땅과 함께 그녀가 낳은 꽃과 열매, 나무와 새, 그 밖의 온갖 살아 있는 것들을 보게 될 것이다. 그녀가 그 모든 것을 너에게 줄 것이다.

공간이 자유다

꽃을 가꿀 때는 꽃들 주위에 적당한 공간을 마련해 두어라. 그래서 꽃들이 마음껏 아름다움과 생기를 뽐내도록 하라. 꽃이 많을 필요는 없다. 두 송이나 세 송이만으로도 충분하다.

우리도 행복하기 위한 공간이 필요하다. 우리 자신과 우리가 사랑하는 이들의 안팎에 공간을 마련해 주기 위해 우리는 고요히 멈추어 있기를 연습한다. 계획, 편견, 근심걱정, 불편한 심기 따위를 내려놓고 우리 둘레에 공간을 마련할 필요가 있다. 공간이 자유다.

그 빛에 닿아

늘 마음이 깨어 있어서 집중하며 사는 여자가 있다고 가정해
보자. 그녀는 들어오고 나가고 서고 앉고 말하고 채소를 다듬
고 설거지하는 모든 동작에 깨어서 집중한다. 자신의 행동 하
나하나에, 입에서 나오는 말과 머릿속 생각에 마음챙김의 빛
을 비춘다. 그녀를 만나는 사람마다 그 빛에 닿아서 영향을 받
는다. 그녀의 마음챙김에서 나오는 빛에 닿은 사람들은 자기
안에 있는 마음챙김의 씨앗을 움 틔우고, 이로써 저절로 마음
챙김하며 살게 된다.

놀랍고 신비로운 것

인생은 고통으로 가득 차 있다. 하지만 파란 하늘, 눈부신 햇살, 아기 눈동자 같은 온갖 경이로 가득 차 있기도 하다. 고통을 겪는 것만으로는 충분하지 않다. 우리는 인생의 경이로움도 고루 맛봐야 한다. 우리 안과 우리 둘레에, 모든 곳과 모든 순간에 그것들이 있다.

자연스러운 육아

부모가 일상생활에서 마음챙김과 자비를 실천하면 자녀들이 저절로 그것을 배울 것이다. 자신은 그렇게 하지 않으면서 자녀들한테만 그러라고 말할 수는 없는 일이다. 기회가 닿는 대로 자녀들에게 깨어 있는 마음으로 자비롭게 살기를 바란다고 말해 줄 필요가 있다.

다정하고 사랑스러운 말투를 쓸 때, 우리는 자녀들 속에 있는 좋은 씨앗에 물을 주어 그들도 우리처럼 할 수 있도록 북돋아 주는 것이다. 그들을 벌주거나 나무라지 않아도 된다. 스스로 실천하면서 바르게 살아가는 모습을 보여 주면 그들이 그대로 따라할 것이다.

깊은 통찰

마음챙김은 우리가 지금 여기에서 당장 충족시킬 수 있는 여러 가지 행복의 조건들을 알아볼 수 있게 도와준다. 집중은 그 모든 조건들과 더 깊이 만날 수 있도록 우리를 돕는다. 충분한 마음챙김과 집중에서 통찰이 태어난다. 깊은 통찰을 통해 잘못된 견해로부터 벗어나 오래도록 자유를 누릴 수 있고, 더 이상 성내거나 절망하지 않게 된다. 삶의 순간순간을 기꺼이 즐길 수 있게 된다.

하느님 앞에서 행동하기

수행의 원리는 간단하다. 마음을 몸으로 데려오기, 실제로 현존하기, 온전하게 살아가기가 그것이다. 모든 일이 마음챙김의 빛 아래에서 일어난다. 이를 유대교나 그리스도교 전통에서는 이렇게 말한다. "모든 일을 현존하시는 하느님 앞에서 한다." 같은 내용을 다르게 표현한 것이다.

붓다는 언제나 있다

석가모니 붓다는 우리 모두가 당신 같은 붓다가 될 수 있다고
말씀했다. 사랑하고 이해하고 평화로우면, 분노와 질투를 다
른 것으로 바꿀 수 있으면, 우리는 붓다가 될 수 있다. 세상에
는 수많은 붓다들이 있다. 인간이 존재하는 곳이면 어디서나
한 붓다 또는 여러 붓다들이 나타난다.

눈을 감아도 볼 수 있는 이유

마음이 모든 것을 만든다. 흰 눈으로 덮인 저 장엄한 설산은 지금 그것을 바라보고 있는 너 자신이다. 그것의 존재는 너의 인식에 달려 있다. 눈을 감아도 네 마음이 깨어 있으면 거기에 산이 있다. 몇 가지 감각의 문을 닫고 앉아서 명상할 때, 너는 우주 전체의 현존을 느낀다. 어째서? 네 마음이 거기 있기 때문이다. 눈을 감아도 그것들을 더 잘 볼 수 있다. 세상의 온갖 보이고 들리는 것들은 적(敵)이 아니다. 네 적은 망각이다. 마음챙김의 부재(不在)다.

어떤 죽음

불교를 공부할 때 우리는 스승을 찾는다. 그리고 그들에게 특별한 지혜가 있다고 믿는다. 스승은 성스러운 존재이고 다른 사람은 모두 범속하여 스승에게서 배워야 한다고 생각한다. 스승은 성스러운 겉옷을 두르고 있으며, 어느 순간에 문득 거룩해진 사람이라고 믿는다. 그곳이 바로 우리를 죽이는 장소다. 일상생활로부터 도망쳐 스스로 성스럽다고 생각하는 어떤 경지를 추구하는 것은 일종의 죽음이다. 자기한테서 도망치는 것이다.

두 가지 세계

우리가 선택할 수 있는 두 가지 세계가 있다. 하나는 깨어남의 세계이고, 다른 하나는 무명(無明)의 세계다. 자기 생각의 틀에서 벗어날 줄 모르면, 여전히 무명의 세계에서 살고 있는 것이다. 무명의 세계에는 우리가 머물 곳이 없다. 거기는 시작도 없고 끝도 없다. 깨어남의 세계에서 살 때 우리는 날마다 행복할 것이다. 왜 그쪽을 선택하지 않는가?

두려움에서 자유로워지기

'두려움 없음'을 얻기 위한 연습이 불교의 가장 큰 수행이다. 온갖 종류의 두려움으로부터 자유로워지기 위해 우리는 자기 존재의 바탕에 닿아야 하고, 자비의 빛을 곧장 들여다보는 연습을 해야 한다. 《반야심경》에는 다섯 가지 무더기[五蘊]의 실상을 꿰뚫어 보고 그것들이 모두 비어 있음[空]을 깨달음과 동시에 모든 번뇌로부터 자유로워지는 관자재보살* 이야기가 나온다. 관자재보살은 두려움 없음의 에너지를 받아 그것으로 많은 사람을 돕는다. 번뇌와 깨달음이 다른 것이 아님을 알면 우리 또한 태어남과 죽음의 파도를 즐기며 탈 수 있을 것이다.

---

* 관세음보살의 다른 이름. 천 개의 눈으로 뭇 생명의 고통과 어려움을 보고 천 개의 손으로 그들을 돕는다.

말로는 표현할 수 없는 자유

개념과 관념은 실제를 있는 그대로 표현하지 못한다. 니르바나는 사람의 말로 묘사할 수 없는 궁극의 실제다. 모든 개념과 관념에서 벗어나 있기 때문이다. 모든 개념의 소멸이 니르바나다. 온전한 자유다. 니르바나, 궁극의 실제 또는 하느님은 태어남도 죽음도 없는 무엇이다.

고통의 좋은 점

우리에게는 쾌락을 찾고 고통을 피하려는 자연스러운 성향이 있다. 하지만 때로 고통이 많은 도움을 주기도 한다는 사실을 스스로에게 일러 줄 필요가 있다. 이를 '고통의 좋은 점'이라고 부를 수도 있겠다. 고통 덕분에 우리는 무언가를 제대로 이해할 수 있고, 이해함으로써 받아들이고 사랑할 수 있다. 이해와 사랑 없이는 어떤 행복도 있을 수 없다. 고통은 행복을 수반한다. 우리는 고통을 겁내서는 안 된다. 고통을 받아들이고 그 안을 깊이 들여다보아야 한다. 부드럽게 껴안아 주고 그것으로부터 배울 수 있어야 한다.

무한한 순간

지금 이 순간을 살라는 말은 과거나 미래를 버리라는 뜻이 아니다. 지금 순간을 살아갈 때, 우리는 그것이 과거로부터 만들어지고 또 미래를 창조해 내고 있음을 알게 된다. 지금을 사는 것은 동시에 과거와 미래를 사는 것이다. 끝이 없는 무한한 시간, 궁극적 차원에서 살고 있는 것이다.

그들의 꽃에 물 주기

깨어 있는 마음으로 더불어 살기를 연습하면 다른 사람 안에도 우리와 마찬가지로 꽃과 거름이 같이 들어 있음을 알고 그 사실을 받아들이게 된다. 다른 사람 안에 있는 꽃에 물을 주고, 그에게 더 많은 쓰레기를 만들어 주지 않는 것이 우리가 하는 수행이다. 비난과 언쟁을 피하라. 꽃을 재배할 때 우리는 꽃이 잘 자라지 않는다고 해서 비난하거나 다투지 않는다. 오히려 어떻게 하면 꽃이 좀 더 건강하고 아름답게 자라도록 도울 수 있는지 스스로에게 물어본다.

꽃 한 송이를 잘 피우려면 그 꽃의 기질을 이해해야 한다. 물은 얼마나 필요한가? 햇빛은 얼마나 필요한가? 우리는 자신의 기질을 알기 위해 스스로를 깊이 들여다보고, 다른 사람의 기질을 알기 위해 그들을 깊이 들여다봐야 한다.

자비로운 경청

자비로운 경청은 매우 중요하다. 우리는 다른 사람 말을 들을 때 내용을 판단하거나 분석하지 않고, 그 사람 안에 있는 고통을 덜어 주겠다는 마음 하나로 듣는다. 그래서 주의를 집중하여 듣는다. 비록 그 말에 잘못된 부분이 있어도 상대방이 자기 안에 있는 아픔을 모두 토해 낼 수 있도록 귀를 기울여 준다. 잘못된 부분을 그 자리에서 바로잡아 주려고 한다면 경청 수련은 열매를 맺지 못할 것이다. 그럴 때는 며칠 뒤 따로 만나서 조용히 잘못된 부분을 말해 주어라.

너는 이미 이르렀다

우리 모두가 해야 할 일은 온전히 그리고 순전히 자기 자신으로 존재하는 것이다. 다른 무엇을 좇아서 달릴 필요가 없다. 우리 안에 온전한 우주가 들어 있다. 다만 마음챙김을 통해 자기 자신으로 돌아가 처음부터 자기 안팎에 있는 평화와 기쁨을 맛볼 따름이다.

너는 이미 이르렀다. 집에 왔다. 아무 할 일이 없다. 목적 없음, 성취 없음을 깨치는 것이야말로 놀라운 수행이다.

긴장 풀기 연습

현재 순간으로 돌아올 때 우리는 자기 몸을 알아차리게 되고
온몸의 긴장이 풀린다. 누구나 자기 숨에 주의를 기울이면서
이렇게 말할 수 있다. "숨을 들이쉬면서 내 몸을 알아차린다.
숨을 내쉬면서 내 몸의 긴장을 푼다." 이를 연습하기 위해 불
교인이 될 필요는 없다. 가장 편한 자세로 앉아 몸의 긴장을 풀
어 주면 된다. 이렇게 1~2분만 연습해도 벌써 크게 달라질 것
이다.

참으로 이상한 일

보리수 아래에서 깨달음을 얻는 순간, 붓다는 크게 외쳤다. "참으로 이상한 일이로다! 어찌하여 사람들은 깨닫고 이해하고 사랑하고 자유로워질 능력을 지니고 있으면서 여전히 고통의 바다에 빠져 괴로워하는 것일까?" 붓다는 자기 안에 있는 것을 밤낮으로 찾아 헤매는 우리 모습을 본 것이다.

출처 없음

모든 것은 출처가 없다. 그것들은 어디에서도 오지 않는다. 있음과 없음이라는 관념에서 벗어나기 때문이다. 그것들은 태어나지 않는다. 우리의 개념에 갇히거나 정신적 범주에 의해 분류되지 않는다. 어디에서도 오지 않고 어디로도 가지 않는다. 그것들을 이룬 자도 없고 만든 자도 없다.

이것이 실제의 본성이다. 우리는 태어남과 죽음, 창조자와 피조물이라는 개념으로부터 자유로울 때에만 사물을 제대로 접하고 경험할 수 있다. 만물에는 출처가 없다. 그러므로 태어난 바도 없다. 태어난 바가 없으니 소멸 또한 없다. 이것이 만물의 존재 방식이다.

모든 생각이 성스럽다

깨어 있음의 빛 아래에서 이루어지는 모든 생각, 모든 행동이
성스럽다. 이 빛 아래에서는 성(聖)과 속(俗)의 경계가 없다.

네 가슴을 사랑하라

무엇이 사랑인가? 사랑은 부드러움과 이해와 사랑과 자비로 네 가슴을 어루만지는 것이다. 자기 가슴을 어루만질 줄 모르면서 어떻게 상대방을 이해와 사랑으로 어루만질 수 있겠는가?

모두의 안녕

모든 것이 다른 모든 것에 연결되어 있음을 깨달아야 한다. 우리의 안녕과 행복은 더 이상 개인의 문제가 아니다. 다른 사람이 안녕하지 않은데 우리만 안녕할 방법이 없다. 다른 사람의 안녕을 도모하는 것이 곧 우리 안녕을 도모하는 것이다. 다른 사람의 행복을 보살피는 것이 곧 우리 행복을 보살피는 것이다. 분별하여 나누는 마음이 모든 폭력과 증오의 바탕이다.

어느 씨앗에서 싹이 틀 것인가

붓다에 따르면, 한 인간의 태어남은 시작이 아니라 연속이다. 태어날 때 벌써 온갖 씨앗 — 선과 악의 씨앗, 깨달음의 씨앗 — 이 우리 안에 있다. 우리 안에 있는 선한 씨앗이 밖으로 나올 것이냐, 악한 씨앗이 밖으로 나올 것이냐는 우리가 사는 방식과 우리의 행동에 달려 있다.

덧없음 만세!

우리가 고통을 겪는 것은 만물이 덧없어서가 아니다. 그것들이 늘 거기 있는 줄로 착각하기 때문이다. 꽃 한 송이가 시들어 떨어질 때 우리는 크게 상심하지 않는다. 그것이 덧없는 것인 줄 알고 있기 때문이다. 그러나 사랑하는 사람이 죽으면 크게 상심한다. 그가 덧없는 존재라는 사실을 받아들일 수 없기 때문이다. 덧없음을 깊이 들여다보면 지금 당장 사랑하는 사람을 행복하게 해주기 위해 최선을 다하게 될 것이다. 덧없음에 깨어 있으면 긍정적이 되고 자애로워지고 슬기로워진다.

덧없음이야말로 좋은 소식이다. 덧없음 없이는 그 무엇도 가능하지 않다. 덧없음으로 인해 변화도 생길 수 있다. 덧없음에 대해 불평하는 대신 "덧없음 만세!"라고 외쳐야 한다. 덧없음은 우리를 해방시키는 도구다.

존재와 비존재

붓다는 실제를 바탕으로 존재를 설명한다. 그건 우리가 보통 구축하곤 하는 관념 체계가 아니다. 우리는 존재를 이원론적으로 본다. 우리는 존재가 비(非)존재의 반대라고 생각한다. 하지만 붓다가 우리에게 전하고자 한 존재의 실제는 비존재의 반대가 아니다. 그는 언어를 우리와 다르게 사용한다. 그가 말하는 '자아'란 어떤 것의 반대가 아니다. 붓다가 잘 알고 있듯이 자아는 자아 아닌 요소들로 이루어져 있다. 그것이 우리의 참된 자아다.

쉴 줄 모르는 사람들

우리는 가만히 앉아서 아무 일 하지 않는 데서 오는 고요를 맛볼 시간을 누리고 싶어 한다. 하지만 막상 그런 시간이 주어졌을 때 우리는 가만히 앉아 있는가? 그것이 문제다. 우리는 쉴 시간이 없다고, 지금 여기를 즐길 짬이 없다고 불평을 늘어놓는다. 그러면서 언제나 무언가를 하고 있다. 우리는 아무 일도 안 하면서 쉬는 능력을 잃어버렸다. 어쩌다 사무실에서 조용한 시간이 날 때면 누구한테 전화를 걸거나 괜히 인터넷을 뒤적거린다. 우리는 일 중독자들이다. 언제 어디서나 무슨 일인가를 해야 안심이다. 그러지 않으면 죽는다고 생각한다. 이런 까닭에, 지금 있는 자리에서 아무 일 하지 않고 가만히 있는 법을 배우는 것이야말로 참으로 중요하고 지극히 도전적인 수행이다.

부활

시체처럼 사는 사람이 있다. 과거에 눌리고 미래를 겁내면서 분노와 질투에 사로잡혀 세상을 서성거린다. 그들은 살아 있는 게 아니다. 걸어 다니는 송장일 뿐이다. 유심히 주변을 살펴보면 좀비처럼 돌아다니는 사람들이 보일 것이다. 그렇게 사는 사람들을 연민과 자비로 대하라. 그들은 인간의 삶이 오직 지금 여기에서만 이루어진다는 사실을 모르고 있다.

우리는 부활을 연습해야 한다. 이것이 날마다 해야 하는 우리의 수행이다. 숨을 들이쉬며 마음을 몸으로 데려온다. 그렇게 함으로써 지금 여기를 살게 되고 비로소 기쁨, 평화, 행복을 맛보게 된다. 우리에게 하나의 삶이 위탁되었다. 바로 지금 이 순간에만 가능한 삶이.

그냥 지켜볼 뿐

숨을 일부러 조종할 필요는 없다. 숨은 공기처럼 빛처럼 자연스러운 것이다. 숨이 쉬어지는 대로 두고 간섭하지 마라. 우리가 할 일은 깨어 있음의 등불을 밝히고 자신의 숨을 지켜보는 것뿐이다. 그렇게 지금 이 순간 일어나는 모든 일에서 마음챙김 에너지를 기르는 것이다.

함이 없는 마음으로 하기

최고의 수행법은 겉모습에 집착하지 않고, 수행함이 없는 마음으로 수행하는 것이다. 네가 앉기 명상을 아주 잘한다고 치자. 사람들이 너를 보고 대단한 수행자라고 생각할 것이다. 너는 완벽하게 앉아 은근히 자부심을 느낀다. 늦잠을 자서 아직 명상실에 들어오지 못한 사람들도 있는데 너는 이미 우아한 자세로 앉아 있다.

그런 느낌을 속에 지니고 있는 한 수행으로 얻는 행복에 한계가 있다. 하지만 수행이 모든 중생을 위한 것임을 참으로 알면, 모두가 잠들고 혼자 자리에 앉아 명상하더라도 네 수행의 덕이 모든 사람에게 미칠 것이다. 네 행복에도 한계가 없을 것이다. 우리는 이런 식으로 명상 수행을 해야 한다. 수행함이 없는 마음으로, 겉모습에 집착하지 않고서.

행복의 비밀

행복은 자비의 한 기능이다. 가슴속에 자비가 없으면 어떤 행복도 맛볼 수 없다.

평화로운 세상을 만들려면

평화를 위해 열심히 일하면서 정작 본인은 평화롭지 못한 사람이 많다. 화내며 평화를 외치고, 다른 사람을 향해 소리친다. 그런데 알고 보면 그들도 우리처럼 평화를 위해 일하는 사람들이다. 때로는 평화를 이루기 위해 결성된 단체와 조직들 사이에 분쟁이 일기도 한다. 가슴속에 평화가 없으면 평화 운동가들 사이에 조화가 이루어질 수 없다. 조화가 이루어지지 않는 곳에 희망은 없다. 스스로 분열되고, 절망에 빠지고, 서로를 섬기지 못하면, 우리는 아무것도 할 수 없다.

평화는 우리에게서 비롯되어야 한다. 고요히 앉고, 깨어 있는 마음으로 걷고, 자기 몸을 살피고, 몸과 마음의 긴장을 풀어 주는 수행으로부터 시작되어야 한다. 스스로 평화로운 존재가 되는 연습을 평화 운동의 기반으로 삼는 이유가 여기에 있다. 평화로운 존재가 되는 것이 먼저다. 평화로운 세상을 만드는 일은 그 뒤에 따라오는 것이다.

사랑스러운 말

누군가 어떤 일을 잘할 때 우리는 그에게 칭찬의 말을 건넨다. 특히 아이들한테 그렇다. 우리는 아이들의 자존감을 키워 주어야 한다. 아이들이 건강하게 자라도록 돕기 위해 무언가를 잘할 때마다 칭찬과 격려를 아끼지 말아야 한다.

어떤 사람이 세상을 사랑하고 행복하게 해주는 특별한 재능을 보일 때마다 칭찬과 감사를 표현하라. 이것이 우리 안에 있는 행복의 씨앗에 물을 주는 방법이다. "네가 그 일을 할 수 있을지 모르겠다." 하는 식으로 김새는 말을 해서는 안 된다. 대신 이렇게 말할 일이다. "네가 그 어려운 일을 해낼 수 있을 거라고 믿었지." 이런 말들은 다른 사람은 물론 우리 자신을 건강하고 행복하게 만든다.

우리가 불안에 대처하는 자세

우리 모두 불안을 느낀다. 금방이라도 무슨 일이 일어날지, 어떤 사고가 터질지 알지 못한다. 사랑하는 이가 불치병에 걸려 죽을 수도 있고, 우리 목숨이 내일 아침까지 붙어 있지 않을지도 모른다. 모두가 무상한 세상일이요, 그에 대한 불안감이 우리를 힘들게 한다.

이럴 때는 어떻게 해야 할까? 무엇을 어떻게 연습해야 할까? 나는 현재 순간을 최선을 다해 사는 것이야말로 불안에 대처하는 올바른 자세라고 생각한다. 우리는 지금 이 순간을 잘 살아야 한다. 그러면 후회 없는 삶을 살게 될 것이다. 우리는 지금 우리 앞에 있는 사람이 우리와 함께 살아 있음을 안다. 그 사람을 행복하게 해주기 위해, 자기 인생을 의미 있는 것으로 만들기 위해 지금 당장 우리가 해야 할 일을 하라.

휴식이 되는 명상

나는 명상 방석에 앉을 때마다 그것이 나를 위해 마련된 푹신하고 편안한 자리임을 생각한다. 그 위에 앉아서 아무 노력도 하지 않는다. 그냥 내 몸을 쉬게 한다. 아무 노력도 하지 않으니 아무 문제가 없다. 아무 문제가 없으니 근육들도 편하게 쉰다. 방석에 앉아 명상을 하는 동안 애를 쓰면 머잖아 어깨도 결리고 허리도 뻐근해질 것이다. 하지만 방석 위에서 자신을 쉬게 내버려 두면 오랜 시간 앉아 있을 수 있다. 몸이 가벼워지면서 기운이 회복되고 치유도 이루어질 것이다.

과거 바꾸기

지난날에 잘못을 저질렀다면, 나쁜 짓을 했다면, 그 지난날에 대해 우리가 할 수 있는 일이 있다. 현재와 깊이 만남으로써 과거를 바꾸는 것이다. 지난날에 입은 상처는 여전히 우리의 손이 닿는 곳에 남아 있다. 현재 순간으로 돌아오라. 그러면 지난날 우리가 남에게 입힌 상처와 남이 우리에게 입힌 상처가 생생하게 되살아날 것이다.

그 상처들을 안고 지금 여기에 있어야 한다. 깨어 있는 마음으로 숨 쉬면서 그것들을 깊이 들여다보고, 두 번 다시 같은 잘못을 되풀이하지 않겠다는 각오로 그것들에게 이렇게 말해 주어야 한다. "아픈 상처들아, 너를 위해 내가 여기 있다." 그때 우리의 지난날이 바뀔 수 있다.

가르침은 뗏목이다

간단한 질문

한 번의 숨으로 시작하라

열등의식

함께 치유

영원히 지속되기를 바라는 마음

명상은 엄숙하지 않다

모든 걸음마다 기도하기

성(性)

더 중요한 일에 더 많은 시간을

공부의 목적

우리는 무한히 서로의 안에 있다

게으름의 날

영적 탐구

지옥이란?

두 가지 족쇄

우리가 기를 수 있는 가장 좋은 능력

생각 없음

은하수

벨 소리

두려움과 함께 나란히 앉아

생애 최고의 순간

세 가지 세상

산처럼 앉아

다르마의 비

여기에서 사랑하라

세상과의 이별을 돕는 사람

고통과 번뇌 위에 앉아

하루를 시작하기

지식의 얼음을 녹여라

몸 안에서 몸을 보라

두려움 없는 웃음

고통의 씨앗에 물을 주지 마라

참된 나눔

존재가 행동이다

마른 뼈들

밥 먹기

집중의 기쁨

하느님 나라는 지금 여기에 있다

위험한 관념

너무 열심히 하지 마라

참사랑

목적 없는 행동

네가 어디를 가든지

오늘의 날

두 사람의 사랑

한 그루 나무가 한 그루 나무로서
존재하는 그곳에 희망이 있고 기쁨이 있다.
네가 너로서 존재하는 것이 곧
행동이라고 말하는 이유가 이것이다.

가르침은 뗏목이다

붓다는 당신의 가르침을 두고, 건너편 기슭으로 가기 위한 뗏
목이라고 말했다. 우리에게 필요한 것은 강 건너편 기슭으로
타고 갈 뗏목이다. 어깨에 메고 다니며 숭배하면서, 그것을 소
유했다고 자랑하기 위한 뗏목이 아니다.

간단한 질문

오늘 아침 나는 풀잎 한 장을 손에 들었다. 이 풀잎은 내 마음 안에 있는가, 밖에 있는가? 간단하지만 답하기 어려운 질문 이다.

'안'이니 '밖'이니 말은 쉽게 하지만, 실제에는 적용되지 않는 관념이다. 우리는 마음이 여기 안에 있고 세계가 저기 밖에 있 다고 생각한다. 마음이 주인이고 세계가 손님이라고 생각한 다. 하지만 붓다는 마음과 마음의 대상이 따로 있는 게 아니며, 그것들이 서로 안에 있다고 가르쳤다. 이것 없이는 저것도 없 다. 보이는 물건이 없으면 보는 자도 없다. 주(主)와 객(客)이 서로를 드러낸다.

한 번의 숨으로 시작하라

누구든지 한 번의 깨어 있는 숨 쉬기 수행에 성공할 수 있다. 계속해서 다른 데 마음을 빼앗기지 않고 열 번만 숨을 들이쉬고 내쉴 수 있으면 상당한 진전을 본 것이다. 그렇게 10분만 숨을 쉬면 네 안에서 커다란 변화가 일어날 것이다.

열등의식

많은 사람이 자신은 모래알보다 작은 존재라고 생각하며 살아간다. 한 사람의 짧은 인생에 무슨 대단한 의미가 있겠느냐고 생각할 수도 있다. 한평생 무언가를 추구했지만 막상 죽을 때는 별로 이룬 것이 없다고 느낄 수도 있다.

우리는 이 같은 열등의식으로 괴로워한다. 현실을 역사적 차원으로만 본다면 한 사람이 이룰 수 있는 일이 초라하게 보일 것이다. 하지만 현실의 궁극적 차원에 닿으면, 우리 모두가 붓다와 같은 존재임을 알게 된다. 우리는 불성(佛性)을 지니고 있다. 우리가 바로 불성이다. 시간과 공간의 한계, 열등의식과 무력감의 경계 너머를 볼 수 있으면 온 세계와 공유할 영적 에너지의 거대한 창고가 우리 안에 있음을 알게 될 것이다.

함께 치유

수행자들의 공동체에서는 매 순간 마음챙김을 수행하고, 마음챙김의 에너지를 생산한다. 그 에너지를 신뢰해야 한다. 깨어 있는 마음으로 숨을 쉬거나 걸음을 옮길 때마다 우리는 붓다의 에너지를 생산하고 있는 것이다. 그것이 우리를 보호하고 치유한다. 하지만 당신이 초보자라면, 혼자서 만든 에너지로 자기 안의 고통을 감당하기에 충분치 못하다. 당신의 에너지를 공동체의 에너지에 합쳐야 한다. 그러면 당신에게 치유와 변화가 훨씬 쉽게 이루어질 것이다.

영원히 지속되기를 바라는 마음

우리 안의 두려움을 깊이 들여다보면, 무언가 영원히 지속되기를 바라는 마음이 거기 있음이 보인다. 우리는 변화를 두려워한다. 우리의 분노, 두려움, 절망은 있음과 없음, 오고 감, 일어남과 무너짐이 따로 있다는 잘못된 생각에서 생겨난 것들이다. 깊이 들여다보기를 연습하면 그런 생각들이 현실에 맞지 않는 것임을 알 수 있다. 우리는 우리의 본성에, 우리 존재의 궁극적 차원에 접할 수 있다. 그것이 우리를 모든 두려움에서 벗어나게 해준다. 태어남도 죽음도 본디 없는 것이라는 통찰을 신뢰할 때, 삶의 모든 순간들이 참된 기쁨으로 충만해질 것이다.

명상은 엄숙하지 않다

명상은 우리 몸과 마음에서, 세상에서 무엇이 이루어지고 있는지를 알아차리는 것이다. 매일 만여 명의 어린아이들이 굶주림으로 죽어 가고 있지만, 초강대국들은 지구별을 여러 번 파멸하기에 충분한 핵무기를 갖기 위해 억만금을 쏟고 있다. 그런데도 아침 햇살은 저토록 눈부시고, 담장 위 장미는 아름답게 피어난다. 기적이다! 인생은 참으로 무섭기도 하고 놀랍기도 하다. 명상 수행은 이 두 얼굴을 함께 만나는 것이다. 부디 명상하기 위해 엄숙해야 한다고 생각하지 마라. 오히려 명상을 제대로 하려면 더 많이 웃어야 한다.

모든 걸음마다 기도하기

불교에서는 마음챙김, 집중, 통찰과 함께하는 모든 행위를 기도로 본다. 차를 마시면서도 자신이 차를 마시는 줄 모른다면 그건 살아 있는 게 아니다. 거기에 네가 없기 때문이다. 마음챙김과 집중 속에서 차를 마실 때 너는 신성한 의식을 행하는 것이다. 그것이 기도다. 길을 걸을 때 한 걸음 또 한 걸음 알아차리며 기쁨으로 받아들인다면, 네 모든 발걸음이 기도가 된다. 편안하게 앉아서 깨어 있는 마음으로 숨 쉴 때, 생명의 경이로움에 접할 때, 그것이 곧 명상이고 기도다.

성(性)

사람 몸은 아름답다. 성(性)은 아름답고 영적인 무엇이다. 성이 없으면 붓다가 세상에 올 수 없다. 마음과 몸은 분리할 수 없다. 몸은 마음과 마찬가지로 성스러운 것이다. 몸을 욕망이나 소비재로 바라보는 것은 결코 사람의 몸을 제대로 보는 것이 아니다. 몸은 지극한 존중을 받아야 한다. 다른 사람의 몸을 만질 때 우리는 그의 마음과 영혼을 함께 만지는 것이다.

더 중요한 일에 더 많은 시간을

시간은 매우 값진 것이다. 매 시간 매 순간이 소중하다. 우리는 시간을 낭비하길 원하지 않는다. 우리에게 주어진 매 시간 매 순간을 잘 쓰고 싶어 한다. 지금 여기에 집중하고 단순하게 살 때 우리는 더 중요한 일에 더 많은 시간을 쓸 수 있다. 괜한 생각으로 걱정하며 명예, 권력, 재물 따위를 추구하는 데 아까운 에너지를 낭비하지 않게 된다.

공부의 목적

다르마에 관한 이야기를 듣거나 책을 읽을 때, 그 목적은 정보와 지식을 얻는 데 있지 않다. 오히려 그것들을 놓아 버리는 데 있다. 새로운 정보와 지식으로 낡은 정보와 지식을 대체하지 마라. 다르마에 관한 이야기를 듣고 책을 읽는 것은 단비로 네 안에 있는 자유와 지혜의 씨앗을 적시는 것과 같아야 한다. 잘 듣기를 연습해야 하는 까닭이 여기에 있다. 우리는 더 많은 정보와 지식을 얻으려고 법문을 듣거나 경전을 읽는 게 아니다. 모든 정보와 지식으로부터 자유로워지기 위해서 그리한다. 중요한 것은 누가 무슨 말을 했는지 기억하는 게 아니라 네가 자유로워지는 것이다.

우리는 무한히 서로의 안에 있다

무상(無常)하다는 말은 같은 물건이 이어지는 두 순간에 있을 수 없다는 말이다. 언제 어디서나 무엇인가 들어오고 무엇인가 나간다. 무엇인가 다가오고 무엇인가 떠나간다. 모든 것이 다른 모든 것과 상호작용한다. 무상함에 접한다는 말은 무한한 상호내재를 접한다는 말이다. 상호내재란 홀로 동떨어져 존재하지 않는다는 말이다. 너는 너 아닌 모든 것들과 더불어 서로의 안에 있다.

게으름의 날

아무 일도 하지 말고 하루를 빈둥거려 보자. 그날을 '게으름의 날'이라고 부르자. 온종일 이 일에서 저 일로 바쁘게 돌아치던 사람에겐 분명 매우 힘든 하루일 것이다. 그냥 있는 게 결코 쉬운 일이 아니다. 하루 종일 아무 일 하지 않으면서 행복하고 평안하고 웃을 수 있다면 그는 진짜 대단한 사람이다! '아무 일도 하지 않음'이 존재의 질(質)을 드러낸다. 존재의 질이야말로 중요한 것이다. 아무 일도 하지 않는 것이 실제로는 대단한 일을 하는 것이다. 이 문장을 써서 잘 보이는 데 붙여 놓기를 바란다. "아무 일 하지 않는 게 대단한 일이다(Doing nothing is something)."

영적 탐구

영적 수행자들에겐 학문적인 조사 연구라는 도구가 필요하지 않다. 그들은 내면의 지혜, 직관을 활용한다. 일단 관념과 개념에 집착하지 않으면, 자신의 두려움과 분노에서 자유로워지면 매우 밝은 도구가 우리에게 주어진다. 그것으로 태어남과 죽음, 있음과 없음, 오고 감, 같음과 다름 같은 온갖 관념들에 얽매이지 않고 현실을 있는 그대로 경험하게 된다. 마음챙김, 집중, 통찰 수행은 우리 마음을 정화시켜 줄 뿐만 아니라, 우리가 현실을 깊이 들여다볼 수 있게 해주는 훌륭한 도구다.

지옥이란?

지옥의 정의는 단순하다. 이해와 자비가 없는 곳. 우리 모두 지옥을 경험하며 살아간다. 지옥의 뜨거운 불에 데어도 본다. 그래서 지옥이야말로 자비가 필요한 곳임을 잘 알고 있다. 거기에 자비가 있으면 더 이상 지옥이 아니다.

이 자비를 우리 스스로 만들어 낼 수 있다. 우리가 이곳에 조금이라도 자비를 가져올 수 있으면, 조금이라도 이해를 불러올수 있으면, 여기는 더 이상 지옥이 아니다. 아울러 우리는 보살이다. 자비와 이해를 길러 그것을 지옥으로 가져가는 것이 우리의 수행이다. 여기 우리 모두를 지옥이 에워싸고 있다. 지옥은 씨앗처럼 우리 안에 있다. 우리는 우리 안에 있는 이해와 자비의 씨앗을 길러 내 그것으로 지옥을 바꿔 놓아야 한다. 지옥은 천당과 마찬가지로 우리의 일상생활 가운데 있다. 어느 쪽을 선택할지는 온전히 우리의 몫이다.

두 가지 족쇄

두 가지 족쇄가 있다. 하나는 생각과 관념이다. 누구에게나 생각이 있고 관념이 있다. 우리는 그것들에 집착한다. 그만큼 자유롭지 못하다. 그래서 삶의 진실에 접할 기회를 얻지 못한다. 다른 하나는 두려움, 분노, 절망, 오만, 무분별 같은 격한 감정들이다. 자유로워지려면 이 모든 것을 없애야 한다.

우리가 기를 수 있는 가장 좋은 능력

마음챙김 수행은 삶을 즐기기 위한 것이다. 고생을 보태자는 게 아니다. 수행은 힘겨운 노동이 아니다. 즐거운 작업이다. 즐 거움은 습관이 될 수 있다. 우리 가운데 어떤 사람은 언제 어디 서나 괴로워하는 버릇만을 가진 것 같다. 반면에 항상 웃고 행 복해하는 습관을 기르는 사람도 있다. 행복해하는 능력이야말 로 우리가 기를 수 있는 가장 좋은 능력이다. 그러니 부디 즐거 이 걷고 즐거이 앉자. 즐거이 걷고 즐거이 앉는 것은 자신에게 좋은 것은 물론이요, 조상들과 부모, 친구들과 사랑하는 이들, 그리고 이른바 우리의 적이라고 불리는 사람들에게도 좋다.

생각 없음

깊이 들여다보면 우리의 몸과 마음에 대한 모든 생각이 불명확한 것임을 알게 된다. 우리는 '생각 없음'을 연습해야 한다. '생각 없다'는 말은 아무 생각도 하지 않는다는 뜻이 아니다. 생각의 경계를 넘어, 영원한 무엇이 따로 있다는 착각에 사로잡히지 않는다는 뜻이다.

머리에 떠오르는 모든 생각이 멈추는 것이 '깨어남'이다. '생각 없음'은 '공(空)'으로 번역될 수 있다. 모든 사물이 '공'함을 볼 때, 우리는 생각 없음의 경지에 이를 수 있다. 깨어남은 어딘가 먼 곳에 있지 않다. 우리 지각(知覺) 속에 있다. 중국에 이런 말이 있다. "머릿속 생각이 멈추는 그곳에 보리수가 자란다."

은하수

은하수는 "내가 은하수다."라고 말하지 않는다. 그냥 은하수로 있다. 현실에서는 삶 자체가 경이로운 현실이다. 사물을 있는 그대로 비추고 반영하는 맑은 눈으로 여기 이렇게 현존하는 우리가 바로 놀라운 현실이다.

벨 소리

자두마을에서는 전화벨이 울릴 때마다 모든 수행자들이 자기 숨을 알아차린다. 전화벨이 친구가 되어 수행자들을 돕는 것이다.

컴퓨터로 작업할 때 일을 빨리 마무리하려는 마음 때문에 자기 자신이 살아 있다는 사실을 망각하기 쉽다. 그러니 15분마다 컴퓨터에서 벨이 울리도록 프로그램을 설치해 보자. 벨 소리가 울리면 자기 자신에게로 돌아와 미소 지으며 들숨과 날숨에 잠시 마음을 모았다가 다시 일을 계속하자. 실제로 그렇게 하는 친구들이 많이 있다. 자신에게로 돌아와 웃으며 숨 쉴 수 있도록 일깨워 주는 벨 소리를 친구로 두는 것이야말로 휴식을 취하는 최고의 방법이다.

두려움과 함께 나란히 앉아

붓다는 우리에게 두려움을 피해 달아나지 말고, 오히려 자신의 두려움을 마주하여 깊이 들여다보라고 권한다. 많은 사람이 자기의 두려움을 덮어 두려고 한다. 두려움을 마주 보는 것 자체를 두려워한다. 붓다는 두려움을 외면하거나 무시하는 대신 자기 안에 있는 두려움의 씨앗을 알아보고 그것을 마음챙김으로 품어 주라고 가르친다.

두려움을 밀쳐 두거나 묻어 두려 하지 않고 그것과 함께 나란히 앉아 있음으로써 두려움을 바꿔 놓을 수 있다. 우리 안에 있는 모든 두려움을, 큰 두려움이든 작은 두려움이든 그렇게 할 수 있다. 스스로에게 두려워하지 말라고, 두려워하면 안 된다고 말할 필요 없다. 두려움과 싸워 이기려고 애쓸 필요도 없다. 고요히 앉아서 마음챙김으로 두려움을 품어 주다 보면 어느새 그것들이 점점 작아지는 느낌이 들 것이다.

생애 최고의 순간

누군가 우리에게 "당신 생애 최고의 순간을 맛보았소?" 하고
물으면 많은 사람이 이제 곧 그 순간이 찾아올 거라고 대답할
지 모른다. 하지만 그런 마음으로 계속 산다면 생애 최고의 순
간은 결코 오지 않을 것이다. 우리는 지금 이 순간을 생애 최고
의 순간으로 만들어야 한다. 과거를 후회하고, 미래를 향해 달
려가고, 이것저것 쌓아 두는 짓을 멈춤으로써 지금 이 순간을
생애 최고의 순간으로 만들 수 있다.

너는 자유인이다. 너는 살아 있다. 눈을 떠 밝은 햇빛과 파란
하늘과 거리에서 뛰노는 아이들의 경이로움을 즐겨라. 깨어
있으면서 숨 쉬는 것이 너를 고요하고, 건강하고, 견고하고, 분
명하고, 자유로운 존재로 만들어 지금 이 순간을 생애 최고의
순간으로 즐길 수 있도록 도와줄 것이다.

세 가지 세상

우리 안에 탐욕이 자라게 두면 거기가 욕계(欲界)다. 우리 안에 분노가 자라게 두면 거기가 색계(色界)다. 우리 안에 어리석음 이 자라게 두면 거기가 무색계(無色界)다. 탐욕, 분노, 어리석음 이 삼계(三界)를 이룬다. 우리 안에 자비, 사랑, 이해가 있으면 그곳은 삼계가 아니라 정토다. 정토에 들어가는 데는 기차표 나 비행기표가 필요 없다.

산처럼 앉아

고요히 앉아 숨을 들이쉬고 내쉬는 것만으로 더 강해지고 더 집중하고 더 정신이 맑아질 수 있다. 산처럼 앉아라. 어떤 바람도 산을 넘어뜨리지 못한다.

다르마의 비

법문을 듣는 것도 수행이다. 법문을 들을 때에는 평화롭고 안
정된 자세로 들어야 한다. 애쓰지 마라. 빗물이 땅에 스며들듯
다르마가 네 안에 스며들도록 자신을 열어 놓아라. 머리로 다
르마를 받아들여서는 안 된다. 지능은 땅에 덮인 비닐막 같아
서 다르마의 빗물이 네 존재의 바닥으로 스며드는 것을 가로막
는다. 존재의 바닥에는 많은 씨앗들이 있는데 그것들은 빗물
을 받아먹어야 한다. 그러니 법문을 들을 때 머리를 굴리면 안
된다. 비교하고 분석하지 마라. 그냥 다르마의 비에 너를 열어
두고 그것이 네 안으로 스며들게 하라.

여기에서 사랑하라

사랑하기 위해 우리는 여기 있어야 한다. 분명한 사실이다. 다
행스럽게도 여기에 있는 것은 그리 어려운 일이 아니다. 생각
이나 계획을 놓아 버리고 숨 쉬는 것만으로 충분하다. 그냥 자
기 자신에게로 돌아와 숨을 알아차려라. 그리고 웃어라. 지금
우리는 몸과 마음과 함께 여기에 있다. 여기, 온전히 여기에 살
아 있다. 이것이 기적이다.

세상과의 이별을 돕는 사람

죽어 가는 사람을 위해 일하는 이들은 견고하고 두려움이 없어야 한다. 누군가 평안하게 죽어 갈 수 있으려면 그러한 사람의 도움이 필요하다.

태어남도 죽음도 없는 현실의 궁극적 차원에 접하는 법을 알 때, 우리는 모든 두려움을 초월할 수 있다. 죽어 가는 사람 곁에 있을 때 그런 상태여야 비로소 그들한테 위안과 영감의 원천이 될 수 있다.

고통과 번뇌 위에 앉아

번뇌와 고통이 곧 깨달음이다. 우리는 평화 안에서 태어남과 죽음이라는 파도를 탈 수 있다. 자비의 배를 타고 두려움 없는 미소를 지으며 미망(迷妄)의 바다를 여행할 수 있다. 우리는 상호내재의 빛으로 쓰레기에서 꽃을, 꽃에서 쓰레기를 본다. 우리가 깨달음과 행복과 안녕을 명상할 수 있는 것은 고통과 번뇌 위에 앉아 있기 때문이다. 진실로 연꽃은 진흙탕에서 피어난다.

하루를 시작하기

날마다 24시간이 우리에게 값진 선물로 주어진다. 그러니 기쁘고 행복하게 사는 법을 배워야 한다. 누구나 그럴 수 있다. 나는 하루를 시작하기 전에 향을 피우고 숨에 집중한다. 오늘 하루를 알차게 살아야겠다는 생각으로, 순간순간을 아름답고 든든하고 자유롭게 보내자고 스스로 서약한다. 이렇게 하는 데는 3∼4분이면 충분하다. 그것이 나에게 큰 기쁨을 안겨 준다. 너도 아침 잠자리에서 일어날 때 그렇게 해보라. 숨을 들이쉬면서 새로운 하루가 내게 주어졌다고, 이 하루를 잘 살기 위해 늘 지금 여기에 깨어 있자고 자신에게 말해 주어라.

지식의 얼음을 녹여라

불교에서는 '지식'을 '이해'의 장애물로 본다. 얼음덩이가 물을 막듯 지식은 이해를 가로막는다. 우리가 무언가를 진실인 줄로 알고 그것에 집착하면, 진실 자체가 와서 문을 두드려도 열어 주지 않는다는 이야기다. 만물이 우리에게 제 자신을 있는 그대로 보여 주게 하려면 그것들에 대한 우리의 견해를 버릴 준비가 되어 있어야 한다.

몸 안에서 몸을 보라

붓다는 무엇을 이해하려면 이해하려는 대상과 하나가 되어야 한다고 말했다. 붓다 당시부터 있던 명상 교과서인 《사티파타나 숫타(염처경)》에 이런 구절이 나온다. "수행자는 몸 안에서 몸을, 느낌 안에서 느낌을, 생각 안에서 생각을, 지각하는 대상 안에서 지각하는 대상을 보아야 한다."

"몸 안에서 몸을"이란 형식이 반복되는 것은, 그것이 그냥 밑줄을 긋고 넘어갈 정도가 아니라 그보다 훨씬 중요하다는 뜻이다. "몸 안에서 몸을 보라."는 말은 보는 대상 밖에 서 있지 말라는 뜻이다. 그것과 하나가 되라는 의미다. 보는 자와 보이는 것 사이에 간격이 없어야 한다. "몸 안에서 몸을" 본다는 말은 네 몸을 대상으로 여겨 저기에 두어서는 안 된다는 뜻이다. 너는 네가 보는 것과 하나가 되어야 한다. 메시지는 분명하다. '둘이 아님'이 불교 명상의 열쇠다.

두려움 없는 웃음

보살들이 많은 사람을 도울 수 있는 것은 두려움이 없어서다. 우리가 사랑하는 이에게 줄 수 있는 가장 큰 선물은 '두려움 없음'이다. 이보다 값진 게 없다. 하지만 무엇을 누군가에게 주려면 먼저 그것이 자기한테 있어야 한다. 수행을 계속해 실제의 궁극적 차원에 접할 수 있으면, 우리도 보살의 두려움 없는 웃음을 웃을 수 있다. 그들처럼 자신의 고통과 번뇌로부터 달아나지 않아도 된다. 깨달음을 얻기 위해 어딘가 다른 데로 가지 않아도 된다. 번뇌와 깨달음이 하나임을 볼 수 있다. 마음이 미혹되어 있을 때 우리 눈에는 번뇌만 보인다. 그러나 마음이 맑아지면 더 이상 번뇌는 없다. 오직 깨달음이 있을 뿐이다. 상호내재의 진실에 이미 접해 있기에 더 이상 태어남과 죽음을 겁내지 않는다.

고통의 씨앗에 물을 주지 마라

아이에게 화를 내며 거친 말을 퍼부을 때, 우리는 아이 안에 있는 고통의 씨앗에 물을 주고 있는 것이다. 아이가 대들면 그가 우리 안에 있는 고통의 씨앗에 물을 주는 것이다. 이런 식으로 살면 서로의 고통을 키우게 된다. 깨어 있는 마음으로 고요히 숨을 들이쉬고 내쉬면서 저마다 자기 안에 있는 고통의 씨앗을 깊이 들여다보라. 그럴 때 우리의 조상들과 문화와 사회가 우리 안에 들어와 있음을 알게 된다. 우리 안에 있는 그것들이 보이기 시작할 때 뒤로 한 발 물러서 친절과 자비로 사람들을 대할 수 있다. 비난하거나 꾸짖지 않으면서 섬길 수 있게 된다. 사물과 사건의 진상을 꿰뚫어 봄으로써 진정한 평화와 화해를 실현할 수 있는 것이다.

참된 나눔

나눔은 거래나 흥정의 기술이 아니다. 참된 나눔에는 주는 자와 받는 자가 따로 있다는 생각이 없다. 이를 '나눔의 공(空)함'이라 부른다. 여기서는 무엇을 주는 쪽과 받는 쪽 사이에 간격이나 구별이 없다.

이것이 지혜와 상호내재의 정신으로 이루어지는 나눔이다. 누군가를 돕는 것은 숨을 쉬는 것처럼 자연스럽게 저절로 이루어져야 한다. 우리가 지금 무언가를 주고 있으며 따라서 받는 사람이 고마워하고 우리의 요구를 들어주어야 한다는 따위의 생각이 없어야 한다. 남에게 무언가를 주는 것은 그를 내 편으로 만들기 위해서가 아니다. 도움이 필요해 보이는 사람이 있으니까 결과에 대한 기대나 보상을 바라는 마음 없이 그냥 도와주는 것일 따름이다.

존재가 행동이다

앞뜰의 소나무를 보라. 소나무는 아무 일도 하지 않는 것처럼 보인다. 그저 싱싱하고 아름다운 모습으로 서 있을 뿐이다. 그런데도 모두가 소나무 덕을 본다. 이것이 존재의 기적이다. 한 그루 나무가 한 그루 나무로서 서 있지 않으면 우리가 곤란해진다. 한 그루 나무가 한 그루 나무로서 존재하는 그곳에 희망이 있고 기쁨이 있다. 네가 너로서 존재하는 것이 곧 행동이라고 말하는 이유가 이것이다. 행동은 행동 없음에 바탕을 둔다. 존재가 곧 행동이다.

마른 뼈들

깨달음은 경전이나 주석서를 읽고 설법을 들어서 얻어지는 것
이 아니다. 불경을 많이 연구해서 해탈을 얻는 것도 아니다. 그
런 행동은 마른 뼈에서 신선한 샘물을 얻으려는 것과 같다. 현
재 순간으로 돌아와 지금 여기에서 맑고 밝은 마음을 부릴 때,
그때 우리는 지금 이 순간 살아 있는 붓다와 그 제자들을 만나
듯 깨달음과 해탈에 닿을 수 있다.

밥 먹기

밥을 먹을 때는, 비록 이른 아침 적은 양을 먹더라도 모든 것에서 자유로워진 상태로 먹어라. 밥을 먹으면서 밥 먹고 난 뒤에 할 일을 생각하지 마라. 밥을 먹는 것이 곧 수행이다. 네가 먹을 밥이 너를 위해 지금 여기에 있다. 너도 네 밥을 위해 지금 여기에 있어야 한다. 그때 비로소 기쁘고 행복하게 입안의 음식을 씹을 수 있다.

집중의 기쁨

참된 기쁨은 집중으로 맛볼 수 있다. 걸을 때 한 걸음 한 걸음
에 오롯이 집중하면 그렇지 않았을 때보다 훨씬 큰 기쁨을 맛
보게 된다. 걸음을 옮기는 동안 몸과 마음에 무슨 일이 일어나
는지 놓치지 말고 지켜보라. 그때 우리는 살아서 이 지구별 위
를 걷는 것이 얼마나 놀라운 기적인지 몸으로 알게 될 것이다.

하느님 나라는 지금 여기에 있다

하느님 나라는 단순한 관념이 아니다. 날마다 일상생활에서 접할 수 있는 현실이다. 하느님 나라는 지금 여기에 있다. 아니면 영원히 어디에도 없다. 우리 모두 마음뿐만 아니라 두 발로 그 나라에 설 수 있다. 마음챙김의 에너지가 우리를 도와준다. 마음을 모아 내딛는 한 걸음으로 하느님 나라에 가 닿는 것이다.

위험한 관념

'죽음'과 '무(無)'는 매우 위험한 관념이다. 사람들은 이것들 때문에 많은 고통을 겪는다. 불교에서 말하는 '무'는 어디까지나 현실에 적용시킬 수 없는 하나의 개념일 뿐이다.

너무 열심히 하지 마라

열심히 많은 일을 하는 사람들이 있다. 그들은 말썽도 많이 일
으킨다. 그들이 남을 도우려 하면 할수록, 그 뜻이 아무리 갸륵
하다 해도 더 많은 문제가 발생한다. 그들은 스스로 평화롭지
못하고 행복하지도 않다. 그런 식으로 열심일 바엔 차라리 가
만히 있는 게 낫다. 그러면 순간마다 평화와 자비를 맛볼 수 있
다. 그때 비로소 너의 모든 말과 행동이 남들에게 도움을 줄 수
있다.

참사랑

참사랑은 사랑할 대상을 선택하지 않는다. 참사랑은 등불과 같다. 등불은 방 안에 있는 어떤 한 사람만을 비추지 않는다. 그 빛은 방안의 모두를 비춘다. 네 안에 진정한 사랑이 있으면 주변 사람들뿐 아니라 동물, 식물, 광물 들까지 모두가 네 덕을 입을 것이다. 그것이 사랑이다. 참사랑은 마음의 평화다.

목적 없는 행동

걷기 위해 걸을 때, 앉기 위해 앉을 때, 차를 마시기 위해 차를 마실 때, 그때 우리는 누군가를 위해서 또는 무언가를 위해서 그러는 게 아니다. 그 일 자체가 좋아서 하는 것이다.

이것이 바로 '목적 없음' 수행이다. 그렇게 수행할 때 우리는 우리 자신을 치유하고, 세상 사람을 치유하는 일을 도울 수 있다. 깨어 있음은 진실을 보는 것이다. 자신이 매우 단순한 방식으로 깊이 있게 인생을 즐기며 사는 법을 깨닫고 싶어 한다는 사실을 스스로 아는 것이다. 더 이상 시간을 낭비하지 마라. 자신에게 주어진 시간을 아껴 써라.

네가 어디를 가든지

지금 무슨 일을 하려고 또는 누군가를 만나려고 줄지어 서 있다고 생각해 보자. 식당에서 자리가 나기를 기다리거나 주문한 커피가 나오기를 기다릴 수도 있다. 그 모든 때에 깨어 있는 마음으로 숨을 쉬며 자신과 주변 사람들에게 집중하는 수행의 즐거움을 맛볼 수 있다. 시도 때도 없이 언제 어디서나 할 수 있는 것이 명상이다.

오늘의 날

크리스마스, 설, 어버이날, 어린이날 등 많은 기념일이 있다. 그런데 왜 하루 종일 지금 이 순간을 행복하게 살 수 있는 '오늘'을 기념일로 삼지 않는 걸까? 오늘을 '오늘의 날'로 정해 흙을 만지고 하늘을 만지고 나무를 만지고 지금 이 순간의 평화를 만져 보는 기념일로 삼기를 제안한다.

두 사람의 사랑

처음 사랑에 빠져서 상대방에게 애착을 느낄 때, 아직 그것은 참사랑이 아니다. 참사랑은 조건 없는 친절과 자비를 뜻한다. 이 사랑을 실현하고자 두 사람이 사랑 공동체를 만들어 그 안에서 상대가 행복의 꽃을 피우도록 돌봐 주는 것이다. 서로 사랑하고, 누군가를 행복하게 해주는 기술을 배움으로써 전 인류와 온 생명을 향해 우리의 사랑을 표현하는 법을 배울 수 있다.

자리 바꾸기

사람들은 '네 가지 고결한 진리'에 대한 가르침을 들을 때 '고통'이라는 말에 묶여 불교가 고통만 말하는 줄로 오해하는 것 같다. 그렇지 않다. 세 번째 진리가 있다. '고통'의 반대인 '행복'에 관한 가르침이다. 고통이 있다. 고통으로 가는 길이 있다. 하지만 고통의 끝인 행복도 있고 그리로 가는 길도 있다.

어쩌면 세 번째 진리와 네 번째 진리를 먼저 말하는 게 좋을지도 모르겠다. 첫 번째 진리는 행복이 있다는 것이고, 두 번째 진리는 그리로 가는 길이 있다는 것이다. 그 뒤에 세 번째 진리로 고통을 말하고 네 번째 진리로 고통의 원인을 말하는 것이다.

마음에 비치다

나무, 바람, 새, 산, 그리고 우리 안팎에 있는 모든 것이 우리 안에서 제 모습을 보여 주고 싶어 한다. 진실을 알고자 어딘가 다른 데로 갈 필요 없다. 그냥 가만히 있으면 된다. 만물이 우리 마음의 고요한 수면에 제 모습을 비추어 보여 줄 것이다.

나쁜 버릇

우리 안에서 좋지 못한 버릇이 나오려고 할 때마다 깨어 있는 마음으로 그것을 알아차릴 수 있다. 마음챙김이 우리 조상들과 부모로부터 또는 어린 시절의 경험으로부터 우리에게 전해진 나쁜 버릇을 알아차리도록 도와줄 것이다. 종종 그렇게 알아차리는 것만으로 버릇의 힘을 약하게 만들 수 있다.

네 안에 있는 참스승

깨달음의 능력은 바깥에서 누군가 너에게 줄 수 있는 것이 아니다. 스승이 할 수 있는 일은 네 안에 있는 미혹의 요소들을 모두 치워서 깨달음이 드러나도록 도와주는 것이 전부다. 아름다움과 선함과 참스승이 네 안에 있음을 확신하고 그들에게 귀의할 수 있다면, 너는 그들이 일상생활에서 좀 더 분명히 나타나게 하는 방식으로 수행을 계속할 것이다.

연기(緣起)

붓다는 "이것이 이런 것은 저것이 저래서다."라고 가르쳤다.
알겠는가? 네가 웃어서 내가 행복한 것이다. 이것이 이래서 저
것이 저런 것이다. 저것이 저런 것은 이것이 이래서다. 이를 가
리켜 '연기(緣起)'라고 부른다.

하나 됨

많은 사람이 미래를 걱정하고 과거를 후회한다. 계획과 망상에 사로잡혀 마음이 몸을 떠나 있다. 몸과 마음이 하나로 통합되지 않으면 진정으로 살아 있는 것이 아니다. 마음챙김하면서 걷고 숨 쉬면 마음이 몸으로 돌아와 지금 여기에 현존하며 참되게 살 수 있다. 마음챙김 수행을 통해 우리는 다시 태어나 살게 되는 것이다.

통증과 긴장

숨을 들이쉴 때 나는 마음챙김 에너지를 생산한다. 이 에너지로 몸의 통증과 긴장을 알아차리고, 내 몸을 부드럽게 안아 주면 긴장이 풀린다. 많은 사람이 몸을 혹사시켜 긴장과 스트레스를 축적한다. 지금은 우리 몸으로 돌아갈 때다. 그 일은 앉든지 서든지 눕든지 걷든지 간에 언제든 할 수 있는 일이다.

멈추는 기술

우리는 문제를 푸는 데 필요한 충분한 힘을 얻기 위해 수행한다. 그러려면 고요함과 밝음과 견고함을 유지해야 한다. 멈추는 기술을 배워야 하는 이유가 여기에 있다. 흙이 가라앉으면 흙탕물이 다시 맑아지듯이, 멈추는 법을 배워 익힐 때 몸은 고요해지고 마음은 맑아진다.

붓다처럼 앉기

붓다는 종종 생기 넘치는 연꽃 위에 앉아 있는 모습으로 묘사된다. 우리가 지금 여기에 고요히 앉을 수 있으면, 거기가 어디든지 붓다처럼 연꽃 위에 앉아 있는 것이다.

껴안기 명상

껴안기 명상은 동과 서의 조합이다. 껴안기 명상을 할 때에는 지금 안고 있는 사람을 진정으로 껴안아야 한다. 자기 품에 있는 사람을 살려 내야 한다. 안는 시늉을 하면서 등이나 몇 번 두드려 주는 걸로는 안 된다. 상대를 껴안는 동안 마음을 모아 숨 쉬고, 자신의 온몸과 마음과 영혼을 총동원하여 상대를 껴안아야 한다. "숨을 들이쉬며, 사랑하는 사람이 내 품에 안겨 있음을 안다. 숨을 내쉬며, 소중한 사람이 내 품에 안겨 있음을 안다." 이렇게 상대를 껴안고 두세 번 숨을 쉬는 동안 네 품에 안긴 사람과 그를 안고 있는 네가 함께 살아난다.

모양과 색깔의 낙원

우리는 매 순간 하느님 나라에 사는 것처럼 살 수 있다. 이는 단순한 소망이 아니다. 미래의 행복에 대한 약속도 아니다. 엄연한 현실이다. 한 시간, 아니 15분 정도만 마음챙김 수행을 해보면, 누구에게나 마음챙김이 가능하고 참된 삶 또한 가능함을 충분히 증명할 수 있다. 황홀하게 지는 해, 새들의 노래, 맑고 푸른 하늘, 온갖 모양과 색깔로 가득한 낙원이 언제나 눈앞에 펼쳐져 있다.

잘못된 관념

많은 사람이 고통을 피하려면 즐거움을 포기해야 한다고 생각한다. 그리고 이를 가리켜 "고락을 함께 초월하는" 경지라고 말한다. 옳지 않은 생각이다. 고통을 등지고 돌아서는 일 없이 그것을 인정하고 받아들이면 고통뿐만 아니라 즐거움이 함께 있음을 보게 된다. 상대적 즐거움을 경험해 보지 않으면 절대적 즐거움에 직면해도 그것이 무엇인지 모른다. 고통을 하나의 착각으로 보는, 고통과 즐거움을 함께 초월해야 한다고 말하는 이론이나 관념 따위에 속지 마라. 현실에서 실제로 이루어지는 일들에 깨어 있어라. 참된 고통이 어떤 것인지와 함께 참된 즐거움이 어떤 것인지를 알게 될 것이다.

모두가 하나 안에 있다

우리는 저마다 인류라는 꽃밭에 피어난 기적의 꽃 한 송이다. 우리 자신을 깊이 들여다보면, 모든 것이 우리 안에 들어 있음을 보게 될 것이다. 시인 월트 휘트먼이 말했듯이, "나는 크다. 내 안에 여럿이 들어 있다." 모두가 하나 안에 있다는 것이 불교의 깨달음이다. 깊이 들여다보는 수행을 계속하면 상호내재의 신비를, 하나 안에 모두가 들어 있는 진실을 발견할 것이다.

덧없음이 주는 교훈

우리가 사랑하는 사람이 언젠가 죽어야 하는 덧없는 존재임을
알면 그를 더 많이 사랑하고 더 많이 아낄 것이다. 덧없음은 우
리 안팎에서 일어나는 모든 일과 모든 순간을 귀히 여기고 존
중하는 법을 가르쳐 준다. 덧없음〔無常〕을 마음 모아 명상할 때
우리는 더욱 절실한 사랑을 하게 된다.

침묵과 함께하는 식사

몇 분 동안의 침묵 식사는 우리에게 매우 중요한 수행이다. 침묵이 지금 먹고 있는 음식을 떠나 이리저리 돌아다니게 하는 온갖 잡념들로부터 우리를 지켜 준다. 깨어 있는 마음으로 식사를 하면서 옆 사람과 대화를 나누는 것은 결코 쉬운 일이 아니다. 그래서 처음 5분이나 10분 정도를 침묵한 채 식사하는 것이 우리에게 큰 도움이 된다.

우리를 갈라놓는 것들

이스라엘 사람, 팔레스타인 사람, 불교인, 그리스도교인, 무슬림 같은 여러 이름표들이 우리를 갈라놓는다. 이런 단어들은 머리에 어떤 이미지를 떠오르게 해서, 그 사람이나 그 단체와 우리 사이에 거리를 만든다. 자기를 다른 사람들로부터 갈라놓고 그것을 합리화하는 아주 근사한 명분을 우리는 참 많이도 만들어 놓고 서로를 고통스럽게 만든다.

사람들은 관념과 겉모습에 사로잡혀 서로를 동일한 인간 존재로 보지 못한다. 이 모든 이름표들의 껍질을 벗겨 하나인 인간 존재로 드러나게 하는 것이야말로 진정한 평화운동이다.

깊은 평화

며칠만이라도 걷기 명상을 하면 내면에서 깊은 변화를 일으켜 삶의 매 순간 평화를 맛보게 될 것이다. 평화롭게 웃을 것이고, 온 우주에 그득한 보살들이 같은 웃음으로 화답할 것이다. 우리의 평화는 그렇게 깊다.

철학이 아니다

헤라클레이토스와 공자를 포함해 많은 교사와 철학자 들이 '무상(無常)'에 대해 말했다. 하지만 붓다가 말하는 무상은 철학이 아니다. 사물을 깊이 들여다보게 하는 방편이다. 무상이라는 열쇠로 실제의 문을 열어 상호내재, 공(空), 자아 없음의 진실을 밝히는 것이다. 그러니 우리는 무상을 하나의 개념이나 이론이나 철학으로 보지 말고, 사물의 본질을 깨칠 수 있게 하는 방편으로 봐야 한다.

서로를 먹여 살리다

네가 태어나기 전에도 자양분을 받아먹고 살았다는 사실을 기억하는 게 중요하다. 더 깊이 들여다보면 동시에 너도 네 어머니를 먹여 살렸다는 사실을 알게 될 것이다. 어머니 배 속에 네가 있었기에 어머니 몸이 변화되고 성숙했기 때문이다. 배 속 아이 때문에 더 많이 피곤하고 불편했겠지만, 어머니는 틀림없이 전보다 많이 웃고 많이 사랑하게 되었을 것이다.

같이 가면 좋은 사람

아름다움과 선함이 언제나 우리 안에 있다는 것이 붓다의 기본
가르침이다. 참된 스승과 참된 영적 도반은, 네가 찾는 아름다
움과 사랑이 네 안에 있음을 깊이 들여다보라고 격려하는 사람
이다. 네 안에 있는 스승을 발견하도록 도와주는 사람이 참스
승이다.

스스로 제 모습을 드러내리라

마음챙김 수행을 하면 우리 안팎에서 생기 있고 아름답고 즐거운 삶의 모습들을 만나게 된다. 망각 속에서 살 때는 만날 수 없는 것들이다. 마음챙김은 우리의 눈과 가슴, 밤하늘의 조각달, 나무와 숲을 더욱 아름답고 깊게 만들어 준다. 깨어 있는 마음으로 이 경이로운 것들을 만날 때, 그들이 제 모습을 스스로 우리에게 드러낼 것이다.

적도 없고 구원자도 없다

'자아'니 '무아'니 하는 관념에서 자유로울 때, 우리는 '자아'와 '무아'라는 단어를 겁내지 않게 된다. 하지만 '자아'를 적으로, '무아'를 구원자로 볼 때 우리는 그것에 사로잡혀 하나를 밀쳐 내고 다른 하나를 움켜잡으려 한다. 자기를 사랑하는 것이 곧 자기 아닌 모든 것을 사랑하는 것임을 알게 될 때 우리는 자유로워진다. 그리고 어느 하나를 밀쳐 버리려 하지 않는다.

왜 무덤으로 가는 길을 서두르는가

다른 어딘가에 도달하려고 애쓸 필요 없다. 우리의 마지막 도
착지가 무덤이라는 사실을 우리 모두 잘 알고 있다. 그리로 가
는 길을 서두를 까닭이 무엇인가? 어째서 지금 이 순간에 숨
쉬고 있는 '삶'을 향해 걸음을 옮기지 않는가?

사랑의 에너지

붓다의 가르침은 사랑과 이해의 에너지를 생산하도록 우리를 돕는 데 목적이 있다. 우리가 그 에너지를 생산할 수 있다면 무엇보다 먼저 사랑받고자 하는 자신의 욕구를 충족시키는 데 도움이 될 것이다. 그때 사랑과 이해의 힘으로 지금 우리와 함께 있는 사람들을 껴안아 줄 수 있을 것이다. 스스로 행복한 사람이 남을 행복하게 해줄 수 있다.

네 고통은 네가 필요하다

돌아가서 네 자신을 돌봐라. 네 몸은 네가 필요하고, 네 느낌도
네가 필요하고, 네 인식도 네가 필요하다. 네 고통은 자신을 알
아줄 네가 필요하다. 집으로 돌아가라. 돌아가서 그것들과 함
께 있어라.

붓다의 가장 높은 가르침

존재와 비존재는 그저 관념이다. 오로지 나타남과 나타나지 않음이 있고, 그것들은 우리의 인식에 의존한다. 눈앞에 있는 것들을 깊이 들여다보고 인생을 깊이 통찰하면 존재와 비존재, 태어남과 죽음이라는 관념에서 자유로워진다. 이것이 붓다의 가장 높은 가르침이다. 우리는 아픔에서 놓여나 안식하는 길을 찾고 있지만, 태어남도 죽음도 없는 실제의 본질에 가닿을 때 비로소 가장 큰 안식을 얻게 될 것이다.

걷기의 이해

걸음을 걷는 것은 한 발을 다른 발 앞으로 내미는 단순한 동작이다. 그런데 그것이 귀찮거나 힘들게 느껴질 때가 있다. 그래서 시간을 줄인답시고 가까운 거리임에도 차를 몰고 간다. 몸과 마음의 긴밀한 연계(連繫)를 제대로 이해할 때 우리는 '붓다처럼' 걷는 단순한 동작에서 더없는 편안함과 즐거움을 맛볼 수 있다.

수없이 많은 행복의 이유들

행복할 이유는 수없이 많다. 우리를 향한 사랑과 인내로 지구별은 가득 차 있다. 괴로워하는 우리를 볼 때마다 지구별이 우리를 지켜 줄 것이다. 피난처인 땅이 있으니 우리는 아무것도, 죽음조차도 겁낼 필요가 없다. 마음을 모아 땅 위를 걸으면서 우리는 풀, 나무, 꽃, 태양으로부터 자양분을 받아먹는다. 땅을 만지는 것이야말로 우리에게 평화와 기쁨을 회복시켜 주는 깊은 수행이다.

가족 식사

하루에 적어도 한 번은 가족이 함께 식사를 하는 것이 좋다. 한 상에 둘러앉아 맑게 깨어 온 식구가 함께 밥을 먹는 것이 얼마나 큰 행운인지 생각해 보아야 한다. 자리에 앉아서 깨어 있는 마음으로 숨을 들이쉬고 내쉬며 서로 얼굴을 마주 보고 웃어 주어라. 이 간단한 실천으로 기적을 이룰 수 있다. 자신을 살아 있게 하고, 밥상에 둘러앉은 다른 사람을 살아 있게 한다.

갇히지 마라

붓다는 우리에게 개념과 관념을 걷어치우고 현실에 곧장 접근하는 방법을 일러 주었다. 비록 불교의 것들이라 해도, 만일 어떤 개념이나 관념에 사로잡혀 매달린다면 그 사람은 붓다의 방법을 써볼 기회마저 놓치게 된다. 어떤 교리나 이데올로기에도, 불교의 교리나 이데올로기라 해도 갇히지 마라.

붓다가 꽃을 받는다면

우리는 꽃 한 송이가 시들어 죽는 것을 보고 울지 않는다. 그것이 본디 덧없는 것인 줄 알기 때문이다. 사물의 덧없음에 대해 깨어 있는 수행을 하면 그만큼 덜 괴롭고 더 즐겁게 살 수 있다. 사물의 덧없음을 알면 지금 이 순간 그것을 더 아끼고 사랑하게 된다. 덧없음은 나쁜 것이 아니다. 모든 것이 덧없으니 아무것도 즐기지 말아야 한다고 생각하는 몇몇 불교인들이 있다. 그들은 모든 것을 버리고 아무것도 즐기지 않는 것이 해탈이라고 생각한다. 하지만 우리가 붓다에게 꽃 한 송이를 드리면, 그분은 꽃의 아름다움을 감상하면서 크게 고마워하리라고 나는 생각한다.

악을 돌보는 선

선(善)은 아우를 돌보는 큰형 또는 큰누나처럼, '둘이 아님'의 정신으로 친절하고 정성스럽게 악(惡)을 돌봐 줘야 한다. 이렇게 알고 실천하는 사람 속에는 이미 평화가 충만하다.

왜 행복하기를 기다리는가

우리 사회의 많은 사람들이 행복하기 위해 필요한 조건을 모두 갖추고 있음에도 결코 행복하지 않다. 지금 여기에서 행복을 맛보지 못하도록 그들 안에 있는 버릇 에너지가 끊임없이 그들을 앞으로 밀어붙이기 때문이다. 그러나 조금만 연습하면 우리 모두 순간마다 행복 에너지가 분출하는 것을 알아볼 수 있다. 왜 행복하기를 기다리는가?

명상의 본질

불교 명상을 수행한 사람은 안다. 무엇보다도 지금 이 순간 자기 자신에게, 자기가 사랑하는 사람에게, 그리고 자기 삶에 충실한 것이 곧 명상이라는 사실을.

우리의 혁명

우리는 깨어나야 한다! 순간순간 깨어날 수 있게 해야 한다.
이것이 우리를 구원하는 수행이다. 이것이 혁명이다.

고통과 즐거움을 함께 초월해야 한다고 말하는
이론이나 관념 따위에 속지 마라.
현실에서 실제로 이루어지는 일들에 깨어 있어라.

자기를 사랑하는 것이 곧 자기 아닌
모든 것을 사랑하는 것임을 알게 될 때
우리는 자유로워진다.

산처럼 앉아라.
어떤 바람도 산을 넘어뜨리지 못한다.

너는 이미 기적이다

2017년 2월 10일 초판 1쇄 발행
2024년 3월 8일 초판 9쇄 발행

지은이 틱낫한 • 옮긴이 이현주
발행인 박상근(至弘) • 편집인 류지호 • 상무이사 김상기 • 편집이사 양동민
편집 김재호, 양민호, 김소영, 최호승, 하다해, 정유리 • 디자인 쿠담디자인
제작 김명환 • 마케팅 김대현, 김선주, 이선호 • 관리 윤정안
콘텐츠국 유권준, 정승채, 김희준
펴낸 곳 불광출판사 (03169) 서울시 종로구 사직로10길 17 인왕빌딩 301호
　　　대표전화 02) 420-3200 편집부 02) 420-3300 팩시밀리 02) 420-3400
　　　출판등록 제300-2009-130호(1979. 10. 10.)

ISBN 978-89-7479-337-1 (03220)

값 19,000원